中国石漠化治理丛书

国家林业和草原局石漠化监测中心 ▫ 主审

GUIZHOU ROCKY DESERTIFICATION

贵州石漠化

顾永顺　王　华 ▫ 主编

中国林业出版社
·北京·

图书在版编目(CIP)数据

贵州石漠化 / 顾永顺, 王华主编. -- 北京 : 中国林业出版社, 2020.7
(中国石漠化治理丛书)

ISBN 978-7-5219-0695-0

Ⅰ. ①贵… Ⅱ. ①顾… ②王… Ⅲ. ①沙漠化—沙漠治理—研究—贵州 Ⅳ. ① S288

中国版本图书馆 CIP 数据核字(2020)第 131671 号

中国林业出版社
责任编辑：李　顺　陈　慧　马吉萍
出版咨询：(010) 83143569

出版：中国林业出版社（100009 北京西城区德内大街刘海胡同 7 号）
网站：http://www.forestry.gov.cn/lycb.html
印刷：北京博海升彩色印刷有限公司
发行：中国林业出版社
电话：(010) 83143500
版次：2020 年 7 月第 1 版
印次：2020 年 11 月第 1 次
开本：787mm×1092mm　1 / 16
印张：10.5
字数：250 千字
定价：198.00 元

《贵州石漠化》编写委员会

主　　任：郭　颖

副 主 任：徐　海

主　　编：顾永顺　王　华

副 主 编：肖　玲　冯陆春　师　静　张江平
　　　　　唐荣逸　龙启德　李明军　卢永飞
　　　　　刘隆德　杨旭东　吴协保

主　　审：但新球

地图编绘：吴照柏

数据核审：吴照柏

前　言

　　石漠化是岩溶地区土地退化的极端形式，指在热带、亚热带湿润和半湿润气候条件和岩溶极其发育的自然背景下，受人为活动干扰，地表植被遭受破坏，造成土壤严重侵蚀，基岩大面积裸露，砾石堆积的土地退化现象。

　　贵州地处长江和珠江上游，是长江上游南岸最大的水源补给地、珠江的重要发源地，生态区位十分重要，《国务院关于进一步促进贵州经济社会又好又快发展的若干意见》（国发〔2012〕2号）将其定位为"长江、珠江上游重要生态安全屏障"，2016年8月成为首批统一规范的三个国家生态文明试验区之一。境内岩溶出露面积占国土总面积的61.92%，为全国石漠化面积最大、类型最多、程度最深、危害最重的省份，是世界上岩溶地貌发育最典型的地区之一。石漠化已成为制约贵州省经济社会发展最严重的生态问题，遏制石漠化是贵州省生态建设的首要任务。

　　贵州省石漠化监测工作与全国同步，始于2001年，2005年完成全国第一次岩溶地区石漠化监测，至2017年底完成了三次石漠化监测。为了能够及时梳理第三次石漠化监测数据成果，系统总结三次石漠化监测形成的数据、结论，科学评价分析石漠化土地动态变化趋势与防治形势，全面总结石漠化综合治理成效，推广典型成功经验，加快岩溶地区石漠化综合治理进程与区域生态文明建设，为我国各地下一阶段石漠化防治提出建议意见，经国家林业和草原局荒漠化防治司同意，以国家林业和草原局荒漠化防治司为主审单位，国家林业和草原局中南调查规划设计院及8个省级林业监测规划设计单位为主编单位，联合相关科研院所共同编写出版石漠化治理丛书。贵州省林业调查规划院负责编写《贵州石漠化》。

　　《贵州石漠化》全书共分六章，第一章介绍了岩溶区基本情况（编著者：王华、张江平），第二章简述了石漠化现状与危害（编著者：冯陆春、师静），第三章分析了石漠化动态变化（编著者：顾永顺、肖玲），第四章对石漠化综合治理成效进行了评价（编著者：唐荣逸、龙启德），第五章总结了贵州岩溶石漠化治理与模式（编著者：李明军、卢永飞），第六章对石漠化防治管理及治理进行了展望（编著者：刘隆德、杨旭东）。

在本书编写过程中，得到贵州师范大学地理与环境学院、贵州大学林学院、贵州省营林总站的专家、领导大力支持和帮助，在此一并致以衷心感谢！由于编著者水平所限，不妥、疏漏乃至错误之处，诚望不吝赐教。

《贵州石漠化》编委会

2020 年 5 月

目　录

第一章　岩溶区基本情况　001
　　第一节　自然地理概况　001
　　第二节　社会经济状况　008

第二章　石漠化现状与危害　010
　　第一节　石漠化监测技术方法　010
　　第二节　主要监测结果　017
　　第三节　潜在石漠化土地　030
　　第四节　石漠化土地分布特点、成因和危害　034

第三章　石漠化动态变化　038
　　第一节　石漠化监测及监测结果　038
　　第二节　石漠化耕地动态变化　047
　　第三节　石漠化动态变化原因分析　052

第四章　石漠化综合治理成效评价　056
　　第一节　石漠化综合治理工程　056
　　第二节　石漠化综合治理工程评价　058

　　第三节　小流域综合治理监测　　063

第五章　贵州岩溶石漠化治理与模式　　**072**
　　第一节　石漠化土地立地分区　　072
　　第二节　石漠化土地造林树种选择　　084
　　第三节　贵州省石漠化综合治理模式　　102

第六章　石漠化防治管理及治理展望　　**139**
　　第一节　石漠化研究　　139
　　第二节　石漠化综合治理工程规划　　145
　　第三节　石漠化治理展望　　152

第一章　岩溶区基本情况

第一节　自然地理概况

一、地理位置

贵州省简称"黔"或"贵",位于我国西南部,介于东经103°36′~109°35′、北纬24°37′~29°13′,东接湖南省,南连广西壮族自治区,西邻云南省,北与四川、重庆相依。东西长约595km,南北相距509km,面积17.62万km²,约占全国土地总面积的1.84%。贵州岩溶区分布广泛,除遵义市的赤水和黔东南州雷山、台江、三穗、天柱、剑河、锦屏、黎平、榕江、从江10个县(市)外,其他地区均有分布。

二、地质地貌

（一）地　质

贵州位于华南板块,跨上扬子陆块、江南造山带和右江造山带3个次级大地构造单元。由于漫长地质历史岁月壳幔作用和板块运动,发生了多种地质事件,铸就了贵州复杂纷繁的地质图像,并以"沉积岩王国"、"古生物宝库"著称。贵州省地质具有地层发育齐全、碳酸盐岩广布、沉积类型多样、古生物化石丰富、岩浆活动微弱、变质作用单一、薄皮构造典型、地壳相对稳定等特点。

贵州出露地层为中元古界蓟县系至新生界第四系,厚约30000m。地层的生物地理区系多样,寒武系至中三叠统以古地中海区生物群为主,澳大利亚太平洋区生物群为次;上二叠统则为华夏植物群;三叠系(海相)属特提斯—扬子动物群。地层的组分较为复杂,中元古界为海相火山—沉积岩系,中部发育有枕状玄武岩。新元古界青白口系和南华系以陆源硅质碎屑岩为主兼有火山碎屑岩及少量火山岩;震旦系则主要为海相碳酸盐岩及陆源细屑岩。下古生界寒武系和奥陶系以海相碳酸盐岩为主,次为硅质陆源碎屑岩;志留系下统主要为硅质陆源碎屑岩兼夹生物碳酸盐岩。上古生界泥盆系、石炭系和下中二叠统均以海相碳酸盐岩为主,次为夹硅质陆源碎屑岩;上二叠统贵州西部为峨眉山玄武岩及陆源碎屑含煤岩系,东部和南部则为海相碳酸盐岩。中生界扬子区三叠系下统至上统下部为海相碳酸盐岩,右江区以陆源碎屑浊积岩为主;上统中上部则为陆相硅质碎屑岩;侏罗至白垩系下统为紫红色碎屑岩;上白垩统则以紫红色粗屑沉积岩为主。新生界古近系为紫红色砂砾岩;新近系则为含砾泥岩及黏土岩;第四系为多种成因类型的砂、泥、砾及钙华等堆积物。

贵州的岩浆岩分布较散且面积不大,但岩类复杂、期次较多。中元古代在梵净山区以海相枕状玄武岩为主，并有同源镁铁质超镁铁质岩岩床，以及末期花岗岩。新元古代早期九万大山区海相玄武岩、同源的镁铁质岩岩墙，以及过铝花岗岩。早古生代中晚期在黔东有偏碱性超镁铁质岩。晚二叠世贵州西部为大陆溢流拉斑玄武岩及同源辉绿岩床。中生代中晚期在黔西南为偏碱性超铁镁质岩。贵州的变质岩以区域变质岩为主，这些浅变质岩的主体属低绿片岩相，是构成中新元古代地层的主要岩类，多为浅变质的硅质陆源碎屑岩和中酸性火山碎屑岩，具有面型层状分布、变质相带宽阔和单相变质等特点。在一些超壳断裂和滑脱构造带的旁侧，出现变质相对较深的动力变质岩；花岗岩侵入体的围岩有接触变质岩。

贵州表层构造以侏罗山式褶皱为主，属典型的前陆褶皱冲断带。卷入此带的地层为中新元古界、古生界和中生界。这类褶皱包括隔槽式、隔挡式、疏密波状和箱状等多种褶皱形式。其中以隔槽式最为典型，有一系列紧密向斜和平缓背斜组合而成，在平面上和剖面上均呈雁行排列。在黔东北、黔北和黔中地区还发育有与褶皱轴向平行的冲断层和斜切轴线的断层。在一些规模较大的逆冲断裂带出现飞来峰、构造窗和双重结构及冲断片等。在黔东南新元古界分布区，则发育有NNE和NEE向两组断裂系统，它们彼此相交、联合，构成菱形或矩形块体。这种强弱应变的规律组合，有时出现脆韧性剪切变形带，此乃大规模区域性剪切作用所致。贵州西南部的构造则以NW向为主，走滑、冲断均比较发育，特别是南、北盘江流域三叠系陆源碎屑岩区，褶皱紧密、变形较强。总之，贵州的表层构造变形及其组合样式，属典型的薄皮构造，是沿基底剪切滑动的结果，代表了地壳浅部多层次滑脱体系。

贵州地壳演化可追溯至距今1400亿年的中元古代，即罗迪尼亚超大陆演化的早期聚合阶段，可能为陆缘环境；中元古末的格林威尔期陆陆碰撞造山及A型俯冲形成超大陆。新元古代初，地壳发生强烈隆升；之后，有类双峰式岩浆作用，超大陆发生裂解，形成裂陷盆地，直至中寒武纪初期。此后由被动大陆边缘向前陆盆地转化，并有幔源镁铁质岩浆爆发；志留纪末的加里东造山，完成了扬子与华夏两陆块的拼合。泥盆纪至中二叠世为陆内裂陷盆地发展阶段，形成台盆（沟）格局。晚二叠世由于峨眉地幔柱作用，使之隆升，形成大陆溢流拉斑玄武岩（高钛）系，且改变了以往的沉积格局。中三叠纪至早白垩世中期进入特提斯构造演化阶段；早白垩世晚期至晚白垩世为西太平洋陆—弧造山阶段，即燕山造山作用奠定了贵州构造雏形。新生代以后的特提斯碰撞造山，形成当今贵州高原之地貌景观，并仍在继续演化中。

（二）地　貌

贵州高原高耸于四川盆地与广西丘陵间，是一个受到河流强烈切割的岩溶化高原山地。地势西高东低，中部高，南北低，由西向东形成一个大梯坡，由西、中部向南、北形成两个斜坡带。这一地势特征使贵州的水系顺应地形大势由西、中部呈帚状向北、东、南三面分流，且区域地貌及其地貌类型组合也随之不同，表现出有规律的分布。西部是贵州最典型的高原地貌，亦是云南高原的东延部分，高原面大部分保存较好，高原的边缘才是切割强烈、地势起伏较大的中山。中部是典型的山原和丘陵分布区。遵义以南、镇宁以北、黔西以东、镇远以西这一广大地区，是丘原的主要分布区，在此以南、以北、则是山原分布区，即南、北两大斜坡区。东部包括松桃、铜仁、江口、玉屏、锦屏等地，是典型的低山丘陵区，与湖南低山丘陵区连成一片。贵州平均海拔1100m，地面起伏大，最高点韭菜坪海拔高2900m，而最低点都柳江出省处海拔仅137m。

贵州地势地伏的区域差异明显，小起伏地形区与大起伏地形区交错分布，在展布上表现出一定的规律性。大娄山、武陵山、乌蒙山、老王山和苗岭，这五大山脉脉络清晰、绵延展布，构成了贵州高原的地形骨架。大娄山为东北—西南走向，它西起毕节，东北延伸至四川，贵州境内的一段长约300km，宽约150km，海拔1500~2000m，相对高度达500m，是乌江水系和赤水河的分水岭，也是贵州高原与四川盆地的界山。武陵山位于贵州东北部，呈北北东走向，由湖南延伸入境，是沅江水系与乌江水系的分水岭，海拔1500~2500m，相对高度700~1500m，境内的一段由北部的梵净山、中部的老岭和南部的佛顶山三大名山组成，这些山峰显著高出周围地区800~2000m，起伏绵延，山峦迭嶂，河谷幽深，地形崎岖。乌蒙山位于西北部，呈东北—西南走向，由云南延伸入黔，绵延于威宁、赫章等地，是牛栏江、横江与北盘江、乌江的分水岭，海拔一般在2000~2600m。主脉有西凉山、龙头山等，贵州全省海拔最高的韭菜坪就在乌蒙山区。其间有坦荡的夷平面、宽阔的盆地、湖泊（俗称海子）散布，威宁盆地是区内最大的盆地，草海是乌蒙山区著名的湖泊。老王山（即乌蒙山东南支）位于贵州西南部，它北起威宁，经水城、六枝、南达紫云、望谟，长约250km，宽约30km，呈西北—东南走向，是北盘江与三岔河的分水岭，海拔一般为1300~2600m。这一山脉切割强烈，脉络清晰，山高坡陡，岭谷平行相间，在韭菜坪与乌蒙山脉相连。它与乌蒙山不属于同一构造带，展布方向也迥然不同，是一条独立的山脉。苗岭横亘于贵州中部，是珠江水系与长江水系的分水岭，长约180km，宽约50km，东西断续绵延。苗岭在地质构造上并无明显的脉络，东部地面起伏较大，西部层状地形显著，地面起伏较小。雷公山、香炉山、月亮山是苗岭的三大名山。

贵州地貌区域分异明显，类型复杂多样，有高原、山原、山地、丘陵、台地、盆地（坝子）和河流阶地，不仅形态和海拔高度不同，而且成因及组成物质也各不相同，与周围的云南高原、四川盆地、广西丘陵、湖南丘陵有着显著差异。贵州地貌深受地质构造控制，山脉高耸、切割强烈、岭谷高差明显，大地貌以高原、山原、丘陵和山地为主，其中高原、山原和山地占全省面积的87%，丘陵占10%，盆地、河流阶地占3%。山原是贵州分布面积较大的地貌类型之一，主要是由起伏的高原受河流侵蚀切割而成，有相当一部分是岩溶作用形成的岩溶山原。山地是贵州分布面积最大的地貌类型，成因各异。

丘陵常分布在高原的边缘和高原面上，呈孤立状、垅岗状或丛聚状。盆地（坝子）形态多样，按其海拔高度可分为海拔 900m 以下的低盆地、海拔 900~1900m 的中盆地、海拔 1900m 以上的高盆地，这些盆地散布于贵州各地，它们的共同特征是规模都不大，面积超过万亩的大坝为数不多。

贵州岩溶地貌类型齐全，分布广泛，碳酸盐岩石出露面积占全省总面积的 73%。贵州几乎可见到岩溶区所有的地貌形态和类型，地表有石牙、溶沟、漏斗、落水洞、峰林、溶盆、槽谷、岩溶湖、潭、多潮泉等，地下有溶洞、地下河（暗河）、暗湖，各种钙质沉积形态千姿百态、丰富多彩，如石钟乳、石笋、石花、石幔、石瀑布、莲花盆、卷曲石等，还有流痕、贝窝等各种洞穴溶蚀，极具价值和观赏性，如织金打鸡洞。

三、气 候

贵州属于亚热带湿润季风气候，大部地区气候温和，雨量充沛。东部在全年湿润的东南季风区内，西部处于无明显干湿季之分的东南季风区向干湿季分明的西南季风区过渡的地带。特殊的地理条件，形成了较独特而宜人的气候环境。

由于海拔较高，纬度较低，气温变化小，冬暖夏凉，气候宜人，全省大部分地区年平均气温在 8~20℃。从全省看，通常最冷月（1月）平均气温多在 3~6℃，比同纬度其他地区高；最热月（7月）平均气温一般在 22~25℃，为典型夏凉地区。南部、北部和东部河谷地带为高温区；西北部地势较高地带为低温区。红水河和南、北盘江河谷一带，年均气温在 20℃左右，是省内气温最高地区。东南部的都柳江和北部的赤水河河谷地带，年均气温在 18℃以上。东部其他河谷地区，年均气温在 16.3℃左右。西北部地势较高地区，年均气温在 12℃左右。海拔 2400m 以上的地区年均气温在 8℃左右。东北部的梵净山海拔 2400m 以上的山顶部位年均气温在 8℃以下。省内其余地区年均气温在 14~16℃。

贵州离海洋较近，处于冷暖空气交锋的地带，降水量较多，年降水量在 850~1600mm，有 3 个多雨区和 2 个少雨带。3 个多雨区的年降水量都在 1300mm 以上，均位于夏季风的迎风坡上。第一个多雨区在西南部苗岭西段南坡，地处西南季风的迎风坡，是范围最大的多雨区，雨量最多的是晴隆县，年降雨量达 1588.2mm。第二个多雨区在东南部苗岭东段南坡，位于东南季风的迎风坡，雨量最多的是丹寨县，年降水量达 1505.8mm，仅次于晴隆县。第三个多雨区在东北部武陵山的东南坡，中心区的年降水量在 1400mm 以上。此外，大娄山东南坡和赤水市一带的雨量也在 1200mm 以上，是两个范围不大的多雨区。在 3 个多雨区之间是少雨带。雨量最少的是威宁、赫章、毕节一带，年降水量在 900mm 左右，其中赫章最少，仅 854.1mm。其他少雨带的年降水量在 1100mm 左右。

全省云量多，日照较少，湿度较大，风速较小。各地日照时数在 1050~1800h，西多东少,最少的在大娄山区。一年中夏季日照时数最多,春季次之,冬季最少。各地年平均相对湿度在80%左右,除春季南部和西部偏小(75%左右)外,其余地区各季变化不大。年平均风速,西部地区在2.5m/s左右,低洼河谷地区在1m/s上下,其余大部分地区在1.5m/s左右。平坦地区冬季多偏北风,夏季多偏南风。

四、水 文

贵州的河流都是山区雨源型河流,由降雨补给河川径流。省内雨量充沛,但降雨的地区分布不均,一般是南部多于北部,山区多于河谷。省内河网密布,10km以上的河流共984条,分属长江和珠江流域,大体以乌蒙山、苗岭为分水岭,以北属长江流域,流域面积115747km^2,占全省总面积的65.7%,主要河流自北西而南东有赤水河、綦江、乌江、舞阳河、清水江及锦江等,其中乌江是全省最大的河流,其流域面积66849km^2,占全省总面积的37.9%。苗岭以南属珠江水系,流域面积60402km^2,占全省总面积的34.3%,主要河流自东而西有都柳江、樟江、曹渡河、蒙江、北盘江、马岭河及南盘江。按河流流域面积划分,10000km^{2}以上的河流有乌江、清水河、赤水河、北盘江、南盘江(下段称红水河)、都柳江6条。按10km以上河流计算,河网密度为17.1km/km^2,以东部锦江最密,河网密度23.2km/km^2,以西部六冲河、南北盘江最稀,河网密度约14km/km^2。受地质构造影响,这些河流的流向大多自北而南,发源于中西部岩溶高原面上的诸多河流,一般上游坡降小,河谷宽浅,下游坡降大,河谷深切,纵剖面呈上缓下陡的上凸型(又称"反常型"),其落差常达700~800m,局部可达1000m。河谷纵剖面上裂点发育,瀑布跌水众多,地表明流与伏流频繁交替。发源于贵州高原东部及北部丘陵及山地区的河流,坡降一般上游陡,下游缓,纵剖面呈上陡下缓的下凹型(又称"正常型"),上游瀑布跌水较多。

全省地下河发育,分布广泛,是贵州一大特色。地下水径流主要是管流和隙流两种形式,前者主要发育于碳酸盐岩地层中,后者多见于碎屑岩、岩浆岩和变质岩分布区。岩溶地区的地下水径流与地表水径流关系密切,相互转化频繁。管流和隙流两种不同的径流形式,虽然性质各异,但亦常共存于同一个径流场中,互相转换。地下水排泄方式主要有两种:一是通过地下水出口集中排泄;二是以泉水形式分散排泄。地下河排泄,受地表水系控制最明显,在众多的地表河流的两岸均可见到地下河排入河谷中。地下水可分为松散岩类孔隙水、基岩裂隙水及碳酸盐岩类岩溶水三大类,主要类型是岩溶水,分布极广,几乎遍及全省,约占地下水总量的70%以上,是目前工业、农业用水及城镇生活用水的重要水源之一,裂隙水和孔隙水分布面较少。地下水化学性质复杂,有10余种类型,以碳酸氢钙型为主,碳酸氢镁型次之。

贵州长期遭受侵蚀、剥蚀,深谷深切的特殊地理条件,为温泉的出露提供了良好的地貌条件。目前省内已发现温泉近百处,主要分布在贵州的北部及东北部。

五、土 壤

贵州土壤面积共15.91万km², 占全省土地总面积的90.4%, 属中亚热带常绿阔叶林红壤—黄壤地带。在地理分布上具有垂直—水平复合分布规律:相同纬度下形成了同一地带性土壤,但在不同的地势高度下,由于成土条件的差异,又形成不同的土壤带,因而在水平地带性的基础上,又表现出垂直分布规律。此外,贵州土壤还受地区性母质和地形等条件变化的影响,产生一系列区域性的非地带性土壤。

全省土壤类型繁多,分布错综,有黄壤、红壤、赤红壤、红褐土、黄红壤、高原黄棕壤、山地草甸土、石灰土、紫色土、水稻土等土类。黄壤广泛分布于黔中、黔北、黔东海拔700~1400m和黔西南、黔西北海拔900~1900m的山原地区,发育于湿润的亚热带常绿阔叶林和常绿落叶阔叶混交林环境。赤红壤和红壤分布于红水河及南、北盘江流域海拔500~700m的河谷丘陵地区,红褐土则分布稍高,均形成于南亚热带河谷季雨林环境。黄红壤为红壤与黄壤间的过渡类型,分布于东北部铜仁市及东南部都柳江流域海拔500~700m的低山丘陵,发育于湿润的常绿阔叶林环境。高原黄棕壤分布于黔西北海拔1900~2200m的高原山地和黔北、黔东海拔1300~1600m的部分山地,发育于冷凉湿润的亚热带常绿落叶阔叶混交林环境。山地草甸土仅在少数1900m以上的山顶和山脊分布,发育于山地灌丛、灌草丛及草甸环境。石灰土为岩性土,省内凡有石灰岩出露的地方几乎都有发育,并常与黄壤、红壤等土类交错分布。紫色土主要分布于黔北赤水、习水一带,省内其他地方有零星分布,主要发育在紫色砂页岩出露的环境。水稻土是贵州主要的耕作土之一,其理化性质特殊,在全省各地皆有分布。

受碳酸性岩类影响发育的石灰土,均分布于全省岩溶地貌地区,以黔中、黔南、黔西南的分布较集中。因成土过程受母岩影响深刻,矿物风化度低,粘粒含量少,土层薄,土被不连接,因此地表多有基岩出露,抗旱性差。成土中受母岩影响,土体中仍保留一定的钙离子,盐基饱和度高,呈中性到微碱性反应,pH6.5~7.5。

六、森林植被

贵州属亚热带高原山区,气候温暖湿润,适于各种植物生长发育,而且地势起伏剧烈,地貌类型多样,地表组成物质及土壤类型复杂,因而植物种类丰富,植被类型较多。全省维管束植物(不含苔藓植物)共有269科、1655属、6255种(变种)。列入国家珍稀濒危保护植物名录的有70种,其中银杉、珙桐、秃杉、桫椤4种为一级保护珍稀植物,占全国总数的50.0%;二级保护珍稀植物27种,占18.9%;三级保护珍稀植物39种,占19.2%。珙桐、秃杉、银杉、桫椤、钟萼木、喙核桃、杜仲、鹅掌楸、福建柏、香果树、马尾树、水青树等分布较多,是本省有代表性的珍稀植物。

据贵州省2015年开展的第四次森林资源普查结果显示,全省森林面积973.59万hm²,森林覆盖率55.3%。由于人为活动的影响,植被具有较强的次生性,均属亚热带常绿阔叶林带，下分为两个亚带、三个地带、十个植被区。中亚热带常绿阔叶林亚带分为贵州高原湿润性常绿阔叶林地带（包括七个植被区）和云贵高原半湿润常绿阔叶林地带（包括两个植被区）；南亚热带具热带成分常绿阔叶林亚带仅有一个地带、一个植被区。在水平方向上，植被的分布表现出明显的纬度和经度地带性。在南北方向上，由于热量条件的差异，黔中、黔北地区的地带性植被为中亚热带常绿阔叶林；而黔西南则发育了具有热带成分的南亚热带常绿阔叶林及沟谷季雨林。在东西方向上，由于水分条件的变化，黔中、黔东地区的常绿林为典型的湿润性（偏湿性）常绿阔叶林，而黔西地区则发育了半湿润（偏干性）常绿阔叶林。在垂直方向上，植被的分布又具有明显的垂向分带规律。主要森林植被有针叶林、阔叶林、竹林、灌木林及灌草丛、经济林等五大类。

针叶林为省内面积最大且分布十分普遍的植被类型，下属5种林型：杉木林，各地均有分布，以东南部的清水江、都柳江流域最为集中，是省内杉木的重点产区；马尾松林，分布于东部、中部地区，一般以海拔1200m以下的酸性土山地生长良好；云南松林，分布于西部高原山地；华山松林，分布于西部高原山地和中部地区；柏木林，分布于石灰岩山地，以黔北、黔南较多。这些针叶林均为亚热带山地暖性针叶林，是在亚热带常绿阔叶林带内发育的次生性植被。它们不仅具有重要的经济价值，而且对于改善环境、涵养水源也具有重要作用。此外，在高差甚大的梵净山，还发育了以铁杉、梵净山冷杉为主的高山针叶林，属山地寒温性针叶林，是山地垂直带中的重要植被类型。

阔叶林是我省十分重要的植被类型，其中以栲、石栎、青冈栎为主的常绿阔叶林，是典型的湿润性常绿阔叶林，为黔中、黔东地区的地带性植被，以梵净山、雷公山、月亮山、瑶人山等地保存较好；以滇青冈、滇锥栗、黄毛青冈、西南青冈、元江栲等为主的常绿阔叶林，为典型的半湿性常绿阔叶林，是黔西地区的地带性植被，但现存已十分零星；以高山栎为主的山地常绿硬叶林，分布在海拔2000m以上的高原山地，以威宁、盘县、水城等地较为集中；以楝科、椴树科、豆科、桑科、无患子科植物为主的沟谷季雨林，为南亚热带河谷的森林植被，主要分布在南盘江、北盘江、红水河河谷海拔800m以下的地段。在黔南地区的茂兰峰丛洼地地区，还有面积较大的原生性常绿落叶阔叶混交林，它是在地带性生物气候条件背景上，受基岩裸露的岩溶地貌和石灰土的特殊生境深刻影响而形成的一种非地带性植被。

竹林是亚热带地区特有的植被类型。竹林以毛竹（楠竹）为主，大部集中于北部的赤水市，在东北部的梵净山、东南部的黎平、从江等地亦有零星分布。此外，各地还零散分布有以斑竹、慈竹、方竹、淡竹、车筒竹等为主的竹林。成片的竹林有很强的水土保持及水源涵养能力，林下常有厚20~40cm的"海绵层"，主要由密集的竹根、枯叶及腐殖土组成。这种空隙十分发育且极为松软的"海绵层"，对于大气降水具有很强的吸收能力，致使一般降雨都难于形成地表径流，而被"海绵层"吸收的大气降水于地形低洼处又缓缓流出地表，形成源源不断的泉水及溪流，有效地灌溉着岩溶台原下的大片良田。

灌木林及灌草丛是省内重要的次生性植被，分布十分广泛。以火棘、马桑、竹灌、化香、冬青叶鼠刺（月月青）等为主的灌木林多分布在岩溶地区；以白栎、槲栎、茅栗、芒、白茅、铁芒萁、鳞毛蕨等为主的灌丛及草丛分布在侵蚀剥蚀地貌区；以余甘子、斑茅、类芦、大蜜为主的灌丛及灌草丛分布于南盘江、北盘江、红水河等低热河谷。在人为活动频繁、森林植被贫乏或基岩大面积裸露的地区，这些灌木林及灌草丛对于水土保持具有积极作用。

经济林涉及50多个种类，以茶、核桃、板栗、桃、油茶、李、梨、油桐、柑橘类、刺梨等为主要树种，分布相对集中，逐步形成产业化经营。经济林种植经营成为治理石漠化土地、实现农村产业结构调整、化解人地矛盾的有效途径，为石漠化区农民脱贫致富，生态经济双赢发挥了积极作用。

第二节 社会经济状况

一、人口与民族

《贵州统计年鉴2018》显示，2017年末贵州全省户籍人口4474.94万人，常住人口为3580.00万人，城镇人口比重46.02%。全省有汉、苗、布依、土家、侗、彝等18个世居民族。全省常住人口中，男性人口为1845.92万人，占51.56%；女性人口为1734.08万人，占48.44%。全省常住人口中，城镇人口为1647.52万人，占46.02%；乡村人口为1932.48万人，占53.98%。

贵州省是一个民族众多的省份，少数民族人口数量较多，仅次于广西和云南，居全国第三位。全省民族文化丰富多彩，共有49个民族，其中少数民族48个。世居民族有汉族、苗族、布依族、侗族、土家族、彝族、仡佬族、水族、回族、白族、瑶族、壮族、毛南族、蒙古族、仫佬族、羌族、满族等18个。据全省2010年第六次人口普查数据显示，少数民族人口为1254.8万人，占全省人口的比重达36.11%。在少数民族中，人口超过10万人的有9个，分别是：苗族，396.84万人，占全省少数民族人口总数的32.39%，主要分布在黔东南、黔南、黔西南三个自治州，安顺、毕节两个市以及松桃自治县；布依族，251.06万人，占全省少数民族人口总数的20.49%，主要分布在黔南、黔西南两个自治州、安顺市南部及贵阳市郊；侗族，143.19万人，占全省少数民族人口总数的11.69%，主要分布在黔东南自治州和铜仁地区南部；土家族，143.70万人，占全省少数民族人口总数的11.73%，主要分布在铜仁市北部和遵义市的东北部；彝族，83.45万人，占全省少数民族人口总数的6.81%，主要分布在毕节市和六盘水市；仡佬族，49.52万人，占全省少数民族人口总数的4.04%，主要分布在遵义市、安顺市、毕节市及六盘水市东郊；水族，34.87万人，占全省少数民族人口总数的2.85%，主要分布在三都水族自治县、荔波县、独山县、都匀市和丹寨县；回族，18.48万人，占全省少数民族人口总数的1.51%，主要分布在威宁彝族回族苗族自治县、兴仁县、平坝区、六枝特区、普安县、安顺市及贵阳市郊；白族，17.95万人，占全省少数民族人口总数的1.47%，主要分布在毕节市的威宁彝族回族苗族自治县、纳雍县、大方县和赫章县（表1-1）。

表1-1 贵州省人口统计表（单位：万人）

市（州）名称	人口数量	市（州）名称	人口数量	市（州）名称	人口数量
贵阳市	480.20	安顺市	234.44	黔西南州	286.00
六盘水市	292.41	毕节市	665.97	黔东南州	352.37
遵义市	624.83	铜仁市	315.69	黔南州	328.09

二、经济发展

《贵州统计年鉴2018》显示，贵州全省2017年实现生产总值（GDP）13540.83亿元，其中第一产业2020.78亿元，第二产业5439.63亿元，第三产业6080.42亿元，产业结构比例为14.9：40.2：44.9。人均地区生产总值37956元。全省财政总收入2648.31亿元。城镇常住居民人均可支配收入29080元，农村常住居民人均可支配收入8869元。

工业生产保持较快增长。全省规模以上工业企业数达到5311家，完成工业总产值11048.29亿元。其中：国有企业65家，完成总产值743.67亿元；集体企业10家，完成总产值14.96亿元；股份合作企业6家，完成总产值8.28亿元；联营企业2家，完成总产值5.19亿元；有限责任公司1621家，完成总产值5118.89亿元；股份有限公司139家，完成总产值682.84亿元；私营企业3344家，完成总产值4157.32亿元；其他企业25家，完成总产值22.28亿元；港、澳、台商投资企业64家，完成总产值181.72亿元；外商投资企业35家，完成总产值113.14亿元；轻工业1854家，完成总产值3144.77亿元；重工业3457家，完成总产值7903.52亿元。

农业经济运行态势总体良好。2017年，全省农林牧渔业增加值达2128.48亿元，其中农业产值1287.17亿元，林业产值155.45亿元，牧业产值531.08亿元，渔业产值47.07亿元，农林牧渔服务业107.7亿元。全省粮食作物播种面积4576.86万亩*。粮食作物产量1178.54万t，其中稻谷产量423.7万t，小麦58.85万t，玉米313.56万t，大豆12.83万t，薯类309.76万t。主要经济作物油菜籽89.71万t，烤烟总产量24.49万t，中草药材52.21万t，蔬菜及食用菌总产量2095.06万t。茶园种植面积715.30万亩，产量17.65万t；果园种植面积593.79万亩，水果产量277.57万t；林牧渔业稳步发展，全省植树造林总面积66.67万hm^2，森林蓄积量4.49亿m^3，森林覆盖率55.3%；全省肉类产量207.57万t；牛奶产量6.56万t；禽蛋产量18.88万t；水产品产量为29.96万t。

---

* 注：1亩 ≈ 666.67m^2（下同）。

第二章 石漠化现状与危害

第一节 石漠化监测技术方法

一、监测范围与内容

监测范围为全省78个石漠化县（市、区）和贵安新区的岩溶土地。监测范围不包括赤水、锦屏、剑河、台江、天柱、三穗、黎平、雷山、榕江、从江等10个县（市）。

监测内容包括石漠化的分布、程度、面积及土壤侵蚀状况；石漠化的动态变化及演变情况；与石漠化有关的自然地理、生态环境和社会经济因素。

二、监测主要技术标准

主要包括岩溶土地类型、石漠化程度、石漠化演变类型、土地利用类型、岩溶地貌、植被因子的划分标准。

（一）岩溶土地类型

岩溶土地按是否石漠化分为石漠化土地、潜在石漠化土地和非石漠化土地三大类。

1. 石漠化土地

基岩裸露度（或石砾含量）≥30%，且符合下列条件之一者为石漠化土地。

①植被综合盖度<50%的有林地、灌木林地。
②植被综合盖度<70%的牧草地。
③未成林造林地、疏林地、无立木林地、宜林地、未利用地。
④非梯土化旱地。

2. 潜在石漠化土地

基岩裸露度（或石砾含量）≥30%，且符合下列条件之一者为潜在石漠化土地。

①植被综合盖度≥50%的有林地、灌木林地。
②植被综合盖度≥70%的牧草地。
③梯土化旱地。

3. 非石漠化土地

符合下列条件之一者，为非石漠化土地。

①基岩裸露度（或石砾含量）<30%的有林地、灌木林地、疏林地、未成林造林地、无立木林地、宜林地；旱地；牧草地；未利用地。
②苗圃地、林业辅助生产用地；水田；建设用地；水域。

（二）石漠化程度

石漠化程度划分为轻度、中度、重度、极重度4个等级。石漠化程度评定因子有基岩裸露度、植被类型、植被综合盖度和土层厚度。各因子及评分标准见表2-1~表2-4。

表2-1 基岩裸露度评分标准

基岩裸露度（石砾含量）	程度	30%~39%	40%~49%	50%~59%	60%~69%	≥70%
	评分	20	26	32	38	44

表2-2 植被类型评分标准

植被类型	类型	乔木型	灌木型	草丛型	旱地作物型	无植被型
	评分	5	8	12	16	20

表2-3 植被综合盖度评分标准

植被综合盖度	盖度	50%~69%	30%~49%	20%~29%	10%~19%	<10%
	评分	5	8	14	20	26

注：旱地农作物植被综合盖度按30%~49%计。

表2-4 土层厚度评分标准

土层厚度	厚度	Ⅰ级（≥40cm）	Ⅱ级（20~39cm）	Ⅲ级（10~19cm）	Ⅳ级（<10cm）
	评分	1	3	6	10

根据以上4个评价指标评分之和确定石漠化程度，评分标准如下。
①轻度石漠化（Ⅰ）：各指标评分之和≤45。
②中度石漠化（Ⅱ）：各指标评分之和为46~60。
③重度石漠化（Ⅲ）：各指标评分之和为61~75。
④极重度石漠化（Ⅳ）：各指标评分之和>75。
石漠化程度由计算机生成。

（三）石漠化演变评价

1. 石漠化演变类型

针对石漠化与潜在石漠化的发生发展趋势情况，石漠化演变类型分为明显改善、轻微改善、稳定、退化加剧和退化严重加剧5个类型。可概括为顺向演变类（明显改善型、轻微改善型）、稳定类（稳定型）和逆向演变类（加剧型、退化严重加剧型）三大类。

2. 评价指标分级

①石漠化状况分3类（指非石漠化、潜在石漠化和石漠化）。
②石漠化程度分4级（分轻度、中度、重度和极重度）。

3. 演变类型评价标准

①明显改善型：影像特征变化明显，现地调查植被状况明显改善，石漠化状况顺向演变或者石漠化程度顺向演变两级或者两级以上。

②轻微改善型：影像特征变化小，现地调查植被状况轻微改善，石漠化程度顺向演变一级。

③稳定型：影像特征没有变化，现地调查植被状况基本维持稳定，石漠化状况与石漠化程度均没有发生变化。

④退化加剧型：影像特征变化小，现地调查植被有轻微退化，石漠化程度逆向演变一级。

⑤退化严重加剧型：影像特征变化明显，现地调查植被退化明显，石漠化状况逆向演变或者石漠化程度逆向演变两级或者两级以上。

（四）土地利用类型

土地利用类型分林地、耕地、牧草地、建设用地、水域、未利用地。

1. 林地

林地分为八个地类，包括有林地、疏林地、灌木林地、未成林造林地、苗圃地、无立木林地、宜林地、辅助生产林地。

①有林地：生长有森林植被、连续面积大于 $0.067hm^2$、郁闭度 0.20 以上（含 0.20，下同）的林地，包括乔木林和竹林。

②疏林地：生长有乔木树种，连续面积大于 $0.067hm^2$、郁闭度 0.10~0.19 之间的林地。

③灌木林地：生长有灌木树种或因生境恶劣矮化成灌木型的乔木树种以及胸径小于2cm 的小杂竹丛，以经营灌木林为目的或起防护作用，连续面积大于 $0.067hm^2$、覆盖度在 30% 以上的林地。

④未成林造林地：人工造林、飞播造林和通过自然变化、封山育林、人工促进天然更新后，不到成林年限，尚未郁闭但有成林希望的林地。

⑤苗圃地：固定的林木、花卉育苗用地，不包括母树林、种子园、采穗圃、种质基地等种子、种条生产用地以及种子加工、储藏等设施用地。

⑥无立木林地：包括采伐迹地、火烧迹地、其他无立木林地。

⑦宜林地：经县级以上人民政府规划的宜林荒山荒地和用于发展林业的其他土地。

⑧林业辅助生产用地：指直接为林业生产服务的工程设施用地（含配套设施）和其他具有林地权属证明的土地。

2. 耕地

指种植农作物的土地，分为水田和旱地。

①水田：有水源保证和灌溉措施，在一般年景能正常灌溉，用以种植水稻等水生作

物的耕地，包括灌溉的水旱轮作地。

②旱地：除水田以外种植农作物的土地。

3. 牧草地

以生长草本植物为主，主要用于畜牧业的土地，分为天然草地、改良草地和人工草地 3 类。

①天然草地：未经改良，以天然草本植物为主，用于放牧或割草的草场。

②改良草地：采用灌溉、排水、施肥、耙松、补植等措施进行改良的草场。

③人工草地：人工种植牧草的土地。

4. 建设用地

指建造建筑物、构造物的土地。包括工矿建设用地、城乡居民建设用地、交通用地、其他用地（包括旅游设施、军事设施、名胜古迹、墓地、陵园等）。

5. 水域

指陆地水域和水利设施用地，包括河流、湖泊、水库、坑塘、苇地和沟渠等。

6. 未利用地

目前还未利用和难利用的土地，包括荒草地、干沟、裸岩和其他未利用土地。

（五）岩溶地貌

①峰丛洼地：指峰丛与洼地的岩溶地貌组合，峰丛间有洼地、谷地及漏斗等。峰丛指基部相连的石峰所构成，相对高度最大可达 600m，主要分布在云南、贵州高原边缘的斜坡地带，以及红水河、南盘江、北盘江及其一级支流两侧。

②峰林洼地：指峰林与洼地的岩溶地貌组合，峰林间为洼地，且其中有漏斗、落水洞分布，并有季节性或常年性水流。峰林指碳酸盐类岩石被强烈溶蚀，石峰突起林立，其基部互不相连。峰体相对高差 100~200m，坡度很陡，主要分布在平坝—安顺一线。

③孤峰残丘及平原：以岩溶平原为主体和特色的地貌组合，平原上有零星分散的低矮峰林及残丘分布，石峰相对高度在 100m 以下，甚至不到十米，贵州该类型较少。

④岩溶丘陵：经岩溶作用所形成，地势起伏不大，相对高差通常小于 100m，坡度小于 45°，已不具峰林形态，以贵阳、遵义最为典型。

⑤岩溶槽谷：指凸起与凹陷交互出现的长条形岩溶地貌，凸起区构成长条形山脊，凹陷区则形成槽状谷地，其发育主要受构造、岩性控制，主要分布在黔北地区。

⑥岩溶峡谷：指由构造抬升和河流切割作用所形成的高山峡谷地貌组合，岩溶作用极其微弱，地势险峻，河流切割剧烈，高山峡谷地貌明显，主要分布在乌江两岸。

⑦岩溶山地：属岩溶作用极弱的碳酸盐岩分布区，主要由中山、低山与其山谷组成，与非碳酸盐岩区的地貌差别不明显，地势宽缓，河流切割作用较小，以铜仁、镇远、施秉一线的白云岩山地最为明显。

（六）植被因子

1. 植被类型

植被类型指地表植被状况，包括乔木型、灌木型、草丛型、旱地作物型和无植被型，具体如下。

①乔木型：外观上以乔木树种为主体，乔木树种分布较均匀。

②灌木型：外观上以灌木树种为主体，灌木树种分布较均匀。

③草丛型：外观上以草本为主，乔、灌木分布较少。

④旱地作物型：旱地上人工种植的农作物。

⑤无植被型：以上四类以外的类型。

2. 优势植物种类

优势植物种类指主要植物种类（建群种或优势种）。

3. 优势种起源

优势种起源指小班建群种或优势种的起源，分为天然、人工（人工种植乔、灌、草）和飞播，具体如下。

①天然：由天然下种或萌生形成优势种的。

②人工：由人工种植（乔、灌、草）形成优势种的。

③飞播：由飞机播种或模拟飞播（撒播）形成优势种的。

4. 乔灌盖度

乔灌盖度指乔木和灌木植物地上部分垂直投影面积占地面的比率，用百分数表示。

5. 植被综合盖度

植被综合盖度指乔木、灌木和草本所有植物地上部分垂直投影面积占地面的比率，用百分数表示。

6. 群落高

群落高指与小班植被类型对应优势群落的平均高度，以 m 为单位，保留 1 位小数。

7. 植被生长状况

①好：生长旺盛，发育良好，枝干发达，叶子大小和色泽正常。

②中：生长一般，长势不旺，但不呈衰老状。

③差：达不到正常的生长状态，发育不良。

三、主要监测方法

采用"3S"技术与地面调查相结合的技术方法。以整理后的前期石漠化监测数据为本底，利用经过几何精校正和增强处理后的最新遥感影像数据，采用地理信息系统，按照小班区划条件进行区划与解译；采用带有全球卫星定位系统和区划解译数据的采集器现地开展小班界线修正、因子调查和照片采集；将外业采集数据资料导入地理信息系统进行检验与管理，统计汇总后获取本期石漠化的面积、分布及其他方面的信息；最后根据两期调查数据进行对比分析，掌握石漠化的动态变化情况。

（一）监测工作流程

主要工作流程概况为：前期准备—技术培训—遥感影像数据购置与处理—资料收集与解译标志建立（GPS特征点）—遥感影像目视解译划分图斑—现地核实与调查—数据录入与检查—监测质量检查验收—统计汇总—成果上报（图2-1）。

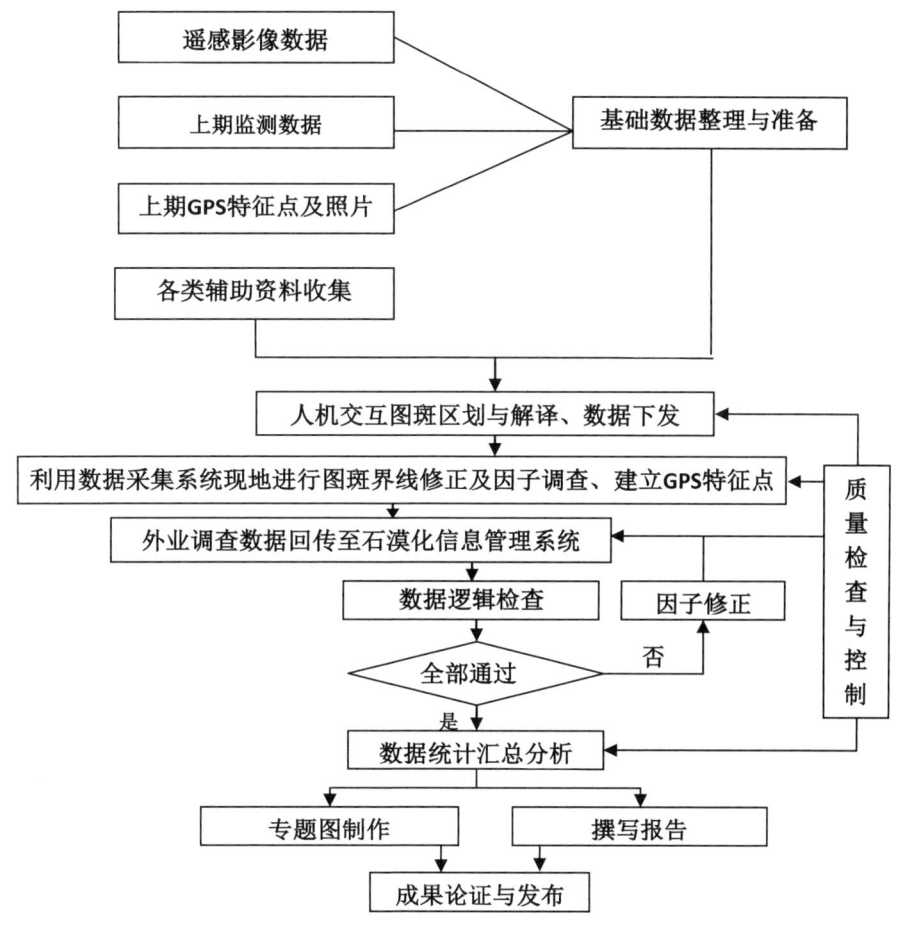

图2-1 石漠化监测工作技术路线图

（二）遥感数据处理

第三次石漠化监测所用遥感数据源采用国家林业和草原局统一分发的、以距调查年度（2016年）不超过两年的高分一号或资源三号遥感影像为主，其中高分一号共375景，资源三号共58景，高分二号共8景。为满足石漠化监测需要，经国家林业和草原局中南调查规划设计院重新校正融合处理。

（三）图斑解译区划

1. 人机交互方式区划图斑

应用 GIS 软件，在监测范围内，以整理后的前期监测数据为本底，依据最新遥感影像，参考相关的辅助图件资料及基础地理信息数据，对出现变化的区域，按小班区划条件，开展人机交互区划。

2. 目视解译图斑

对照前期典型小班特征点数据库，参考相关的辅助图件资料，如利用近期土地资源详查、第四次森林资源规划设计调查、林地年度变更成果、各种林业工程检查验收图等现有资料进行辅助判读对出现变化的小班调查因子进行初步解译，形成解译小班对应的属性数据。

（四）现地核实与调查

在目视解译区划图斑结束后，采用数据采集器到现场对区划的结果进行核实，按照石漠化监测因子调查表中的 37 项因子逐个核对。图斑、小班界线与实地相符，面积误差在 5% 以内；土地利用类型、岩溶土地石漠化状况、石漠化程度、石漠化演变类型等主要因子不允许有错；其他因子与现地调查不符时，应就地改正。

①将最新小班数据、遥感影像、行政界线、基础地理信息等数据导入数据采集器。

②采用数据采集器开展外业调查，对小班界线区划有误或明显位移的进行修正，核实、修正小班属性因子。

③采用数据采集器，按照石漠化状况、石漠化程度和土地利用类型分别建立典型小班特征点。每个典型小班特征点至少拍摄 1 张典型照片。

以乡为单位，每个乡典型小班特征点不少于 10 个，其中石漠化、潜在石漠化、非石漠化典型小班特征点比例为 6∶3∶1；前期已建立典型小班特征点的小班，需进行复位，每个监测县复位小班不少于 20 个，其中石漠化小班不少于 15 个；若前期典型小班特征点数量达不到规定时，需增设典型小班特征点；典型小班特征点以乡为单位统一编号，从上到下，从左到右，做到不重不漏。

④将数据采集器现地调查结果及时导入石漠化监测信息管理系统，对原有初步解译数据进行更新。

（五）内业汇总与成果编制

1. 面积求算

在小班矢量图形数据基础上，利用国家林业局石漠化监测中心提供的石漠化监测信息管理系统更新小班面积，小班图形数据投影为西安 80 坐标系，高斯—克吕格 3 度分带。面积单位为 hm^2，精确到 $0.01hm^2$。

2. 数据统计与管理

利用国家林业和草原局石漠化监测中心提供的石漠化监测信息管理系统，完成数据录入、逻辑检查、统计分析、生成报表等工作。统计各类型石漠化和其他土地类型面积，根据本期与前期监测结果得到石漠化动态变化数据。

3. 基本图和专题图制作

采用 GIS 平台进行小班管理，在基础地理信息和小班图形数据基础上用 GIS 平台编制基本图和专题图。

4. 成果报告编制

监测县根据监测结果编制成果报告，省林业调查规划院（省石漠化监测中心）负责编制省级监测成果报告。

第二节 主要监测结果

一、岩溶土地

据调查全省岩溶土地面积 11247200.30hm^2，占土地面积的 63.80%。在岩溶土地面积中，石漠化土地面积 2470132.10hm^2，占 21.96%；潜在石漠化土地面积 3638546.68hm^2，占 32.35%；非石漠化土地面积 5138521.52hm^2，占 45.69%。与上期相比，石漠化土地面积减少 556912.15hm^2，减少了 18.40%；潜在石漠化面积增加 380984.97hm^2，增加了 11.7%；非石漠化面积增加 175927.18hm^2，增加了 3.55%。总体上，全省石漠化面积在减少，石漠化程度在减轻，有效遏制住石漠化扩大的趋势。岩溶土地石漠化状况占岩溶区面积的比例详见表 2-5。

表 2-5 岩溶土地石漠化状况所占比例一览表

岩溶土地石漠化状况	面积 /hm^2	占监测区（岩溶区）面积比例 /%
合计	11247200.30	100.00
石漠化土地	2470132.10	21.96
潜在石漠化土地	3638546.68	32.35
非石漠化土地	5138521.52	45.69

二、石漠化土地

（一）各市（州）石漠化土地状况

全省石漠化土地面积 2470132.10hm^2，石漠化发生率 21.96%。其中：贵阳市石漠化土地面积145832.95hm², 石漠化发生率20.39%; 六盘水市石漠化土地面积234228.81hm², 石漠化发生率30.47%; 遵义市石漠化土地面积293202.30hm², 石漠化发生率13.24%; 安顺市石漠化土地面积244948.48hm², 石漠化发生率35.99%; 铜仁市石漠化土地面积223219.13hm², 石漠化发生率19.96%; 黔西南州石漠化土地面积303275.45hm², 石漠化发生率33.51%; 毕节市石漠化土地面积496761.53hm², 石漠化发生率23.35%; 黔东南州石漠化土地面积109774.29hm², 石漠化发生率19.94%; 黔南州石漠化土地面积412287.83hm², 石漠化发生率19.33%; 贵安新区石漠化土地面积6601.33hm², 石漠化发生率19.19%（表2-6、图2-2）。

从石漠化土地面积分布来看，全省石漠化土地面积以南部、西部和西北部分布较为广泛，毕节市、黔南州和黔西南三个市（州）石漠化面积占全省石漠化面积的近一半，其余依次为遵义市、安顺市、六盘水市、铜仁市、贵阳市、黔东南州。本期各市（州）石漠化土地面积占全省比例排名与上期保持一致。

从岩溶区石漠化发生率分析，石漠化发生率高于全省平均水平的市（州）有4个，分别是安顺市35.99%、黔西南州33.51%、六盘水市30.47%、毕节市23.35%，低于全省平均水平的市（州）有6个，分别是贵阳市25.39%、铜仁市19.96%、黔东南州19.96%、黔南州19.33%、贵安新区19.19%、遵义市13.24%。本期各市（州）石漠化发生率排名与上期一致。

表2-6 各市（州）石漠化情况统计表

调查单位	岩溶面积/hm²	石漠化面积/hm²	占全省石漠化比重/%	石漠化发生率/%	占全省比重排名	上期排名	本期发生率排名	上期发生率排名
合计	11247200.30	2470132.10	100.00	21.96				
贵阳市	715260.76	145832.95	5.9	20.39	8	8	5	5
六盘水市	768785.33	234228.81	9.48	30.47	6	6	3	3
遵义市	2213958.77	293202.30	11.87	13.24	4	4	10	10
安顺市	680637.43	244948.48	9.92	35.99	5	5	1	1
铜仁市	1118287.10	223219.13	9.04	19.96	7	7	6	6
黔西南州	905152.81	303275.45	12.28	33.51	3	3	2	2
毕节市	2127709.51	496761.53	20.11	23.35	1	1	4	4
黔东南州	550483.94	109774.29	4.44	19.94	9	9	7	7
黔南州	2132530.41	412287.83	16.69	19.33	2	2	8	8
贵安新区	34394.24	6601.33	0.27	19.19	10	10	9	9

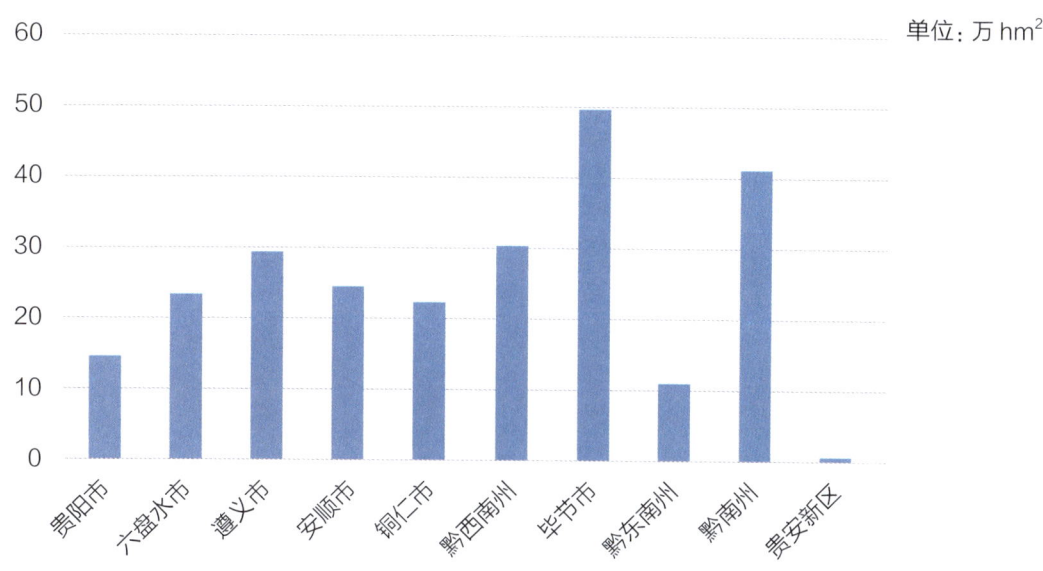

图 2-2 各市（州）石漠化土地分行政区划构成图

（二）各流域石漠化土地状况

全省涉及长江流域和珠江流域的 11 个三级流域，乌江思南以上、乌江思南以下和北盘江流域 3 个流域岩溶土地面积最大，其岩溶土地面积分别为 3880328.95hm²、1505222.15hm² 和 1488590.97hm²。从流域石漠化分布看，长江流域石漠化面积 1454147.54hm²，占全省石漠化土地面积的 58.87%；珠江流域石漠化土地面积 1015984.56hm²，占全省石漠化土地面积的 41.13%。从流域石漠化发生率看，珠江流域石漠化发生率为 28.51%，比长江流域 18.93% 的石漠化发生率高 9.58 个百分点。全省三级流域中，石漠化发生率最高的是南盘江流域，为 33.00%；其次为北盘江流域，为 32.82%；第三为柳江流域，为 26.21%，均属于珠江流域。长江流域石漠化发生率最高的是沅江浦市镇以下 20.23%，其次是乌江思南以上 20.10%，第三为沅江浦市镇以上 19.39%（表 2-7、图 2-3）

表 2-7 石漠化土地按流域统计表

流域名称	岩溶面积 /hm²	石漠化面积 /hm²	比例 /%	石漠化发生率 /%
合计	11247200.30	2470132.10	100	21.96
长江流域计	7683056.89	1454147.54	58.87	18.93
金沙江石鼓以下干流	304831.04	45484.35	1.84	14.92
长江宜宾至宜昌干流	163897.34	28583.86	1.16	17.44
赤水河	712133.88	122800.72	4.97	17.24
乌江思南以上	3880328.95	779826.64	31.57	20.10

续表

流域名称	岩溶面积 /hm²	石漠化面积 /hm²	比例 /%	石漠化发生率 /%
乌江思南以下	1505222.15	260243.61	10.54	17.29
沅江浦市镇以上	1032598.56	200209.40	8.11	19.39
沅江浦市镇以下	84044.97	16998.96	0.69	20.23
珠江流域计	3564143.41	1015984.56	41.13	28.51
北盘江	1488590.97	488484.14	19.78	32.82
南盘江	380025.53	125394.86	5.08	33.00
红水河	1283520.02	294103.69	11.91	22.91
柳江	412006.89	108001.87	4.37	26.21

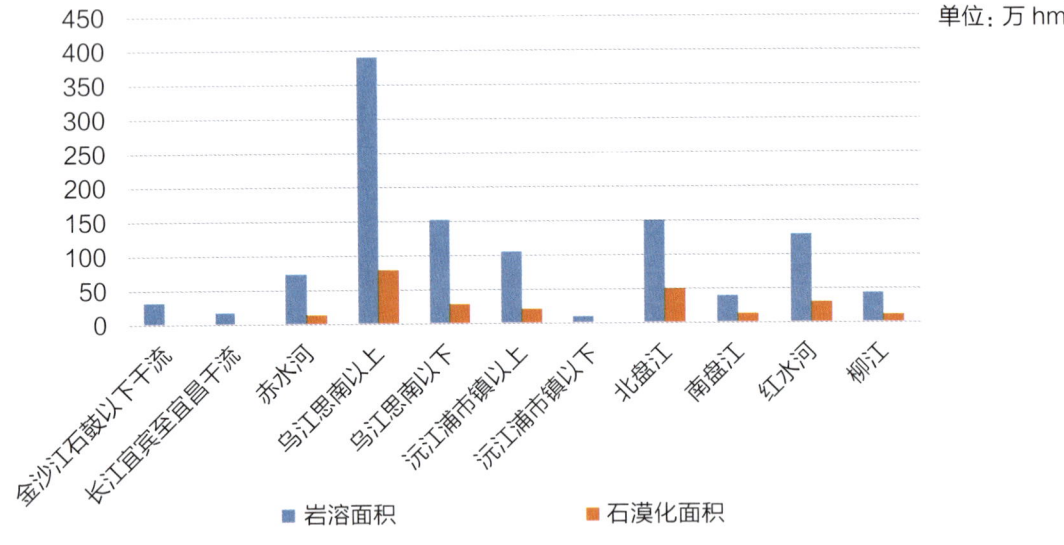

图 2-3　贵州省石漠化土地按流域分布图

(三) 各岩溶地貌石漠化土地状况

在石漠化土地中，峰丛洼地 165819.56hm²，占 6.71%；峰林洼地 71727.16hm²，占 2.90%；孤峰残丘 25769.27hm²，占 1.04%；岩溶丘陵 186528.92hm²，占 7.55%；岩溶槽谷 71174.82hm²，占 2.88%；岩溶峡谷 20737.66hm²，占 0.84%；岩溶断陷盆地 103.9hm²（此岩溶地貌监测技术标准中未提及，归并到其他岩溶地貌中）；岩溶山地 1928270.81hm²，占 78.06%。

各岩溶地貌中峰林洼地石漠化发生率最高，达到 42.74%，孤峰残丘石漠化发生率最低，为 12.07%。各岩溶地貌石漠化发生率排序如下：峰林洼地 > 岩溶断陷盆地 > 峰丛洼地＞岩溶峡谷＞岩溶山地＞岩溶槽谷＞岩溶丘陵＞孤峰残丘（表 2-8、图 2-4）。

表 2-8 石漠化土地按地貌类型统计表

地貌	岩溶面积 /hm²	石漠化面积 /hm²	占石漠化比例 /%	石漠化发生率 /%
合计	11247200.3	2470132.1	100	21.96
峰丛洼地	639779.38	165819.56	6.71	25.92
峰林洼地	167803.82	71727.16	2.9	42.74
孤峰残丘	213544.77	25769.27	1.04	12.07
岩溶丘陵	1011613.07	186528.92	7.55	18.44
岩溶槽谷	341794.02	71174.82	2.88	20.82
岩溶峡谷	92783.57	20737.66	0.84	22.35
岩溶断陷盆地	340.37	103.9	0	30.53
岩溶山地	8779541.3	1928270.81	78.06	21.96

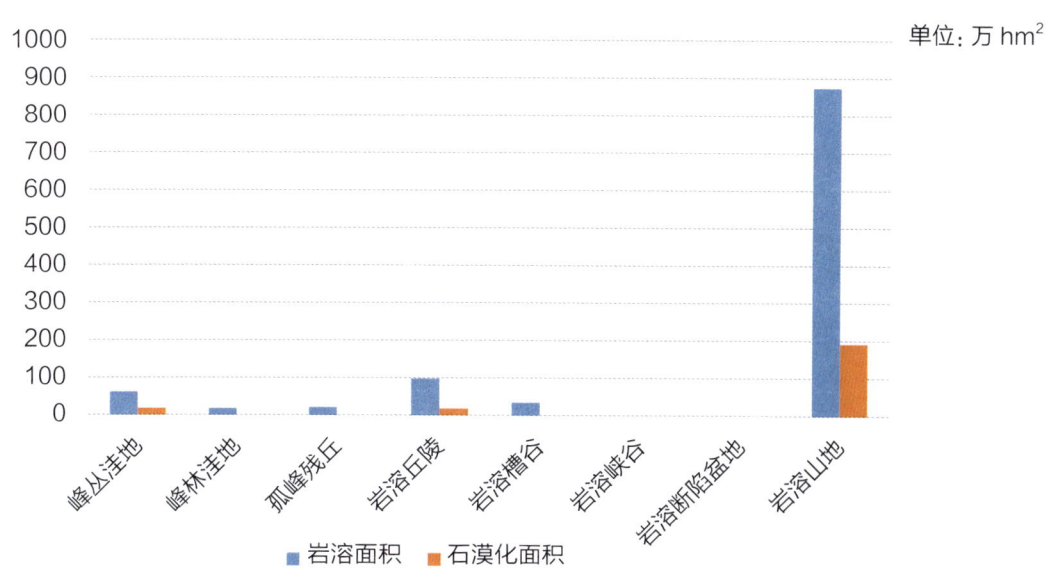

图 2-4 贵州省石漠化土地按岩溶地貌分布图

（四）各土地利用类型石漠化土地状况

在石漠化土地中，土地利用类型为林地的 1280785.93hm²，占 51.85%；旱地 1136493.87hm²，占 40.84%；草地 30168.61hm²，占 1.22%；未利用地 22683.69hm²，占 0.92%。林地石漠化土地中，有林地 454531.06hm²，占 18.4%；疏林地 7360.63hm²，占

56.14%；灌木林地 648.506.90hm²，占 26.25%；未成林造林地 101498.52hm²，占 4.11%；无立木林地 13878.15hm²，占 0.56%；宜林地 55010.67hm²，占 2.23%（表 2-9、图 2-5）。

表 2-9 按土地利用类型石漠化情况统计表

地类	岩溶土地面积/hm²	石漠化土地面积/hm²	占石漠化比例/%	石漠化发生率/%
林地	6735569.38	1280785.93	51.85	19.02
有林地	4010103.08	454531.06	18.4	11.33
疏林地	13110.82	7360.63	0.3	56.14
灌木林地	2419534.07	648506.90	26.25	26.8
未成林造林地	178487.48	101498.52	4.11	56.87
无立木林地	22031.21	13878.15	0.56	62.99
宜林地	92302.72	55010.67	2.23	59.6
旱地	2782615.54	1136493.87	46.01	40.84
草地	58999.84	30168.61	1.22	51.13
未利用地	26321.59	22683.69	0.92	86.18

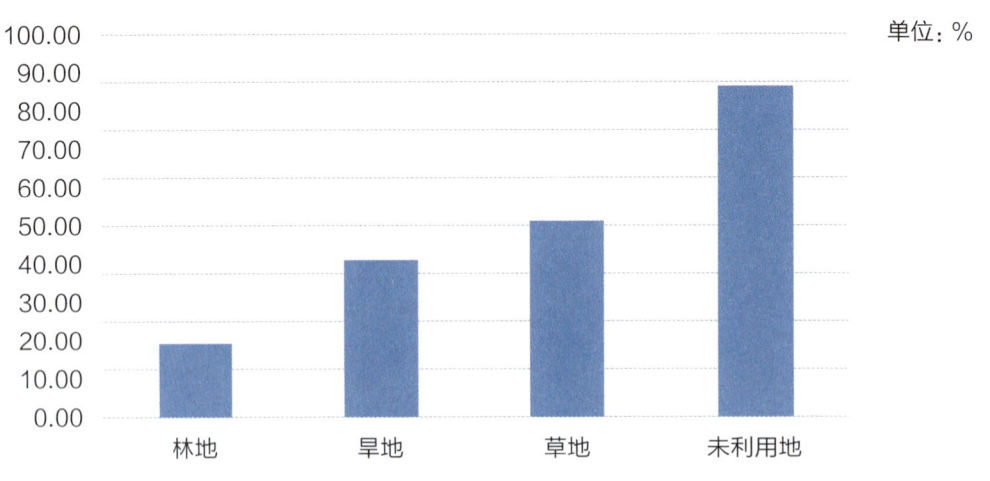

图 2-5 各地类石漠化发生率对比表

据监测，未利用地上石漠化发生率最高，为 86.18%；其次为草地，为 51.13%；第三为旱地，40.84%；林地最小，为 19.02%。在林地中，石漠化发生率按从高到低依次为：无立木林地 62.99%，宜林地 59.6%，未成林地 56.84%，疏林地 56.14%，灌木林地 26.8%，有林地 11.33%，苗圃地和林业辅助生产用地中没有石漠化土地。

（五）各土地使用权石漠化土地状况

在石漠化土地中，土地使用权为国有的面积25068.84hm², 占1.01%；土地使用权为集体的面积1597559.61hm²，占64.68%；土地使用权为个人的面积813222.10hm²，占32.92%；土地使用权为其他的面积34281.55hm²，占1.39%。

三、石漠化程度

（一）各市（州）石漠化程度

在石漠化土地中，轻度石漠化土地934210.67hm²，占石漠化土地的37.82%；中度石漠化土地1254119.61hm²，占50.77%；重度石漠化256421.14hm²，占10.38%；极重度石漠化25380.68hm²，占1.03%（表2-10、表2-11、图2-6）。

表2-10 石漠化程度分行政区划统计表（单位：hm²）

调查单位	小计	轻度石漠化	中度石漠化	重度石漠化	极重度石漠化
贵州省	2470132.10	934210.67	1254119.61	256421.14	25380.68
贵阳市	145832.95	72828.52	69587.50	3218.50	198.43
六盘水市	234228.81	103015.77	92080.45	30872.88	8259.71
遵义市	293202.30	119145.06	155305.20	18484.24	267.80
安顺市	244948.48	78510.56	115824.64	48595.87	2017.41
铜仁市	223219.13	94616.72	112503.95	15541.60	556.86
黔西南州	303275.45	58566.47	183693.37	52368.25	8647.36
毕节市	496761.53	146412.27	296300.77	50326.13	3722.36
黔东南州	109774.29	58012.53	49207.50	2459.66	94.60
黔南州	412287.83	202244.36	175664.90	32766.62	1611.95
贵安新区	6601.33	858.41	3951.33	1787.39	4.20

表2-11 石漠化程度占比按行政区划统计表（单位：%）

调查单位	小计	轻度石漠化	中度石漠化	重度石漠化	极重度石漠化
贵州省	100.00	37.82	50.77	10.38	1.03
贵阳市	100.00	49.94	47.72	2.21	0.14
六盘水市	100.00	43.98	39.31	13.18	3.53
遵义市	100.00	40.64	52.97	6.3	0.09

续表

调查单位	小计	轻度石漠化	中度石漠化	重度石漠化	极重度石漠化
安顺市	100.00	32.05	47.29	19.84	0.82
铜仁市	100.00	42.39	50.4	6.96	0.25
黔西南州	100.00	19.31	60.57	17.27	2.85
毕节市	100.00	29.47	59.65	10.13	0.75
黔东南州	100.00	52.85	44.83	2.24	0.09
黔南州	100.00	49.05	42.61	7.95	0.39
贵安新区	100.00	13.00	59.86	27.08	0.06

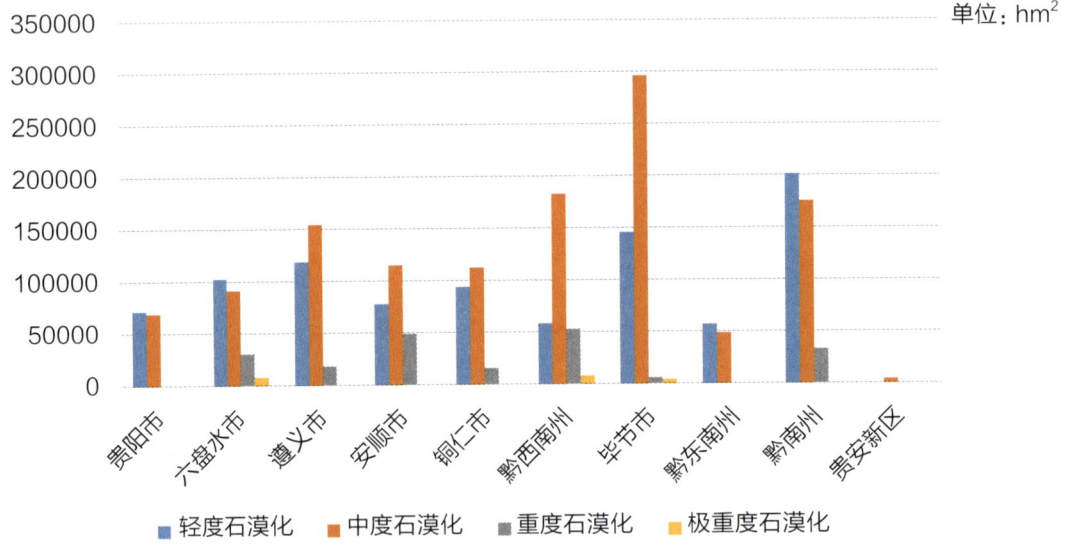

图 2-6 贵州省石漠化程度分行政区划构成图

（二）各流域石漠化程度

三级流域中，轻度石漠化面积较大的 3 个流域分别是思南以上、北盘江和沅江浦市镇以上流域，占石漠化土地比例较高的 3 个流域分别是石鼓以下干流、柳江和沅江浦市镇以上流域；中度石漠化面积较大的 3 个流域思南以上、北盘江和红水河流域，比例较高的 3 个流域分别是沅江浦市镇以下、南盘江和赤水河流域；重度石漠化面积较大的 3 个流域分别是北盘江、思南以上和红水河流域，比例较高的 3 个流域分别是南盘江、北盘江、红水河流域；极重度石漠化面积较大的 3 个流域分别是北盘江、思南以上和南盘江流域，占比较高的 3 个流域是北盘江、南盘江和赤水河流域（表 2-12、表 2-13 和图 2-7）。

表 2-12　石漠化程度分流域统计表（单位：hm²）

流域	合计	轻度石漠化	中度石漠化	重度石漠化	极重度石漠化
合计	2470132.10	934210.67	1254119.61	256421.14	25380.68
宜宾至宜昌干流	28583.86	12042.55	15328.75	1081.41	131.15
思南以下	260243.61	100572.36	137067.90	22005.36	597.99
沅江浦市镇以下	16998.96	6374.53	10526.88	73.43	24.12
石鼓以下干流	45484.35	36120.30	8915.39	429.90	18.76
赤水河	122800.72	34265.19	75612.46	12159.65	763.42
沅江浦市镇以上	200209.40	113916.47	82861.66	3297.84	133.43
思南以上	779826.64	270887.89	437601.44	64978.66	6358.65
北盘江	488484.14	154632.11	238907.95	82688.32	12255.76
柳江	108001.87	63467.00	32509.70	11917.50	107.67
红水河	294103.69	116919.06	138944.84	35970.15	2269.64
南盘江	125394.86	25013.21	75842.64	21818.92	2720.09

表 2-13　石漠化程度占比情况分流域统计表（单位：hm²）

流域	合计	轻度石漠化	中度石漠化	重度石漠化	极重度石漠化
贵州省	100.00	37.82	50.77	10.38	1.03
宜宾至宜昌干流	100.00	42.13	53.63	3.78	0.46
思南以下	100.00	38.65	52.67	8.46	0.23
沅江浦市镇以下	100.00	37.5	61.93	0.43	0.14
石鼓以下干流	100.00	79.41	19.6	0.95	0.04
赤水河	100.00	27.9	61.57	9.9	0.62
沅江浦市镇以上	100.00	56.9	41.39	1.65	0.07
思南以上	100.00	34.74	56.12	8.33	0.82
北盘江	100.00	31.66	48.91	16.93	2.51
柳江	100.00	58.76	30.1	11.03	0.1
红水河	100.00	39.75	47.24	12.23	0.77
南盘江	100.00	19.95	60.48	17.4	2.17

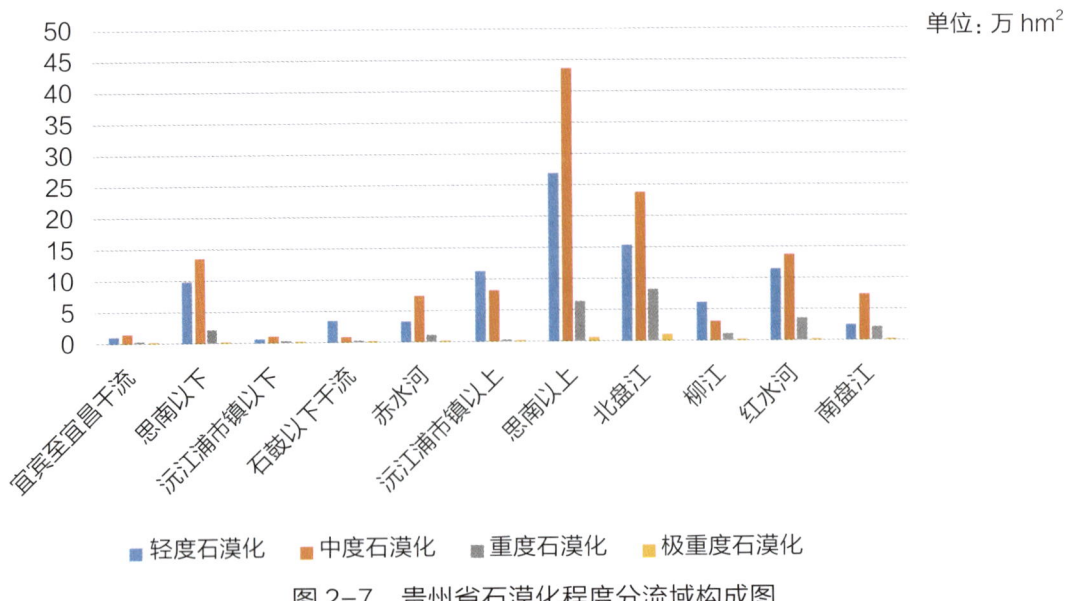

图 2-7　贵州省石漠化程度分流域构成图

（三）各岩溶地貌石漠化程度

轻度石漠化占比较高的 3 个岩溶地貌分布是孤峰残丘、岩溶丘陵和峰丛洼地；中度石漠化占比较高的 3 个岩溶地貌分别是岩溶断陷盆地、岩溶槽谷和岩溶峡谷；重度石漠化占比较高的 3 个岩溶地貌分别是岩溶丘陵、岩溶槽谷和岩溶山地；极重度石漠化占比较高的 3 个岩溶地貌分别是峰丛洼地、岩溶山地和岩溶丘陵（表 2-14、表 2-15）。

表 2-14　石漠化程度分岩溶地貌统计表（单位：hm²）

岩溶地貌	合计	轻度石漠化	中度石漠化	重度石漠化	极重度石漠化
合计	2470132.1	934210.67	1254119.61	256421.14	25380.68
峰丛洼地	165819.56	71338.67	73328.36	16500.27	4652.26
峰林洼地	71727.16	8312.39	56413.65	6948.18	52.94
孤峰残丘	25769.27	20743.55	4680.93	344.79	/
岩溶丘陵	186528.92	83385.32	81728.98	20454.42	960.2
岩溶槽谷	71174.82	24299.91	39079.48	7643.7	151.73
岩溶峡谷	20737.66	8319.07	11228.69	1132.89	57.01
岩溶断陷盆地	103.9	3.71	90.67	9.52	/
岩溶山地	1928270.81	717808.05	987568.85	203387.37	19506.54

表 2-15 石漠化程度占比情况分岩溶地貌统计表（单位：%）

岩溶地貌	合计	轻度石漠化	中度石漠化	重度石漠化	极重度石漠化
合计	100	37.82	50.77	10.38	1.03
峰丛洼地	100	43.02	44.22	9.95	2.81
峰林洼地	100	11.59	78.65	9.69	0.07
孤峰残丘	100	80.5	18.16	1.34	0
岩溶丘陵	100	44.7	43.82	10.97	0.51
岩溶槽谷	100	34.14	54.91	10.74	0.21
岩溶峡谷	100	40.12	54.15	5.46	0.27
岩溶断陷盆地	100	3.57	87.27	9.16	0
岩溶山地	100	37.23	51.22	10.55	1.01

（四）各土地利用类型石漠化程度

林地中，轻度石漠化土地面积709684.03hm^2，占55.41%；中度447966.50hm^2，占34.98%；重度117586.99hm^2，占9.18%；极重度5548.41hm^2，占0.43%。林地以轻度和中度石漠化为主。

旱地中，轻度石漠化土地面积213693.75hm^2，占18.8%；中度石漠化土地面积790221.88hm^2，占69.53%；重度石漠化土地面积122847.93hm^2，占10.81%；极重度石漠化土地面积9730.31hm^2，占0.86%。旱地以中度石漠化为主。

草地中，轻度石漠化土地面积9551.14hm^2，占31.66%；中度石漠化土地面积9581.46hm^2，占31.76%；重度石漠化土地面积9581.46hm^2，占29.36%；极重度石漠化土地面积2179.60hm^2，占7.22%。

未利用地中，轻度石漠化土地面积1281.75hm^2，占5.65%；中度石漠化土地面积6349.77hm^2，占27.99%；重度石漠化土地面积7129.81hm^2，占31.43%；极重度石漠化土地面积7922.36hm^2，占34.93%。未利用地以重度和极重度石漠化土地为主（表2-16、表2-17、图2-8）。

表 2-16 石漠化程度分土地利用类型统计表（单位：hm^2）

地类	小计	轻度石漠化	中度石漠化	重度石漠化	极重度石漠化
合计	2470132.10	934210.67	1254119.61	256421.14	25380.68
林地	1280785.93	709684.03	447966.50	117586.99	5548.41
旱地	1136493.87	213693.75	790221.88	122847.93	9730.31
草地	30168.61	9551.14	9581.46	8856.41	2179.60
未利用地	22683.69	1281.75	6349.77	7129.81	7922.36

表 2-17　石漠化程度占比情况分土地利用类型统计表（单位：%）

地类	小计	轻度石漠化	中度石漠化	重度石漠化	极重度石漠化
林地	100	55.41	34.98	9.18	0.43
旱地	100	18.8	69.53	10.81	0.86
草地	100	31.66	31.76	29.36	7.22
未利用地	100	5.65	27.99	31.43	34.93
合计	100	37.82	50.77	10.38	1.03

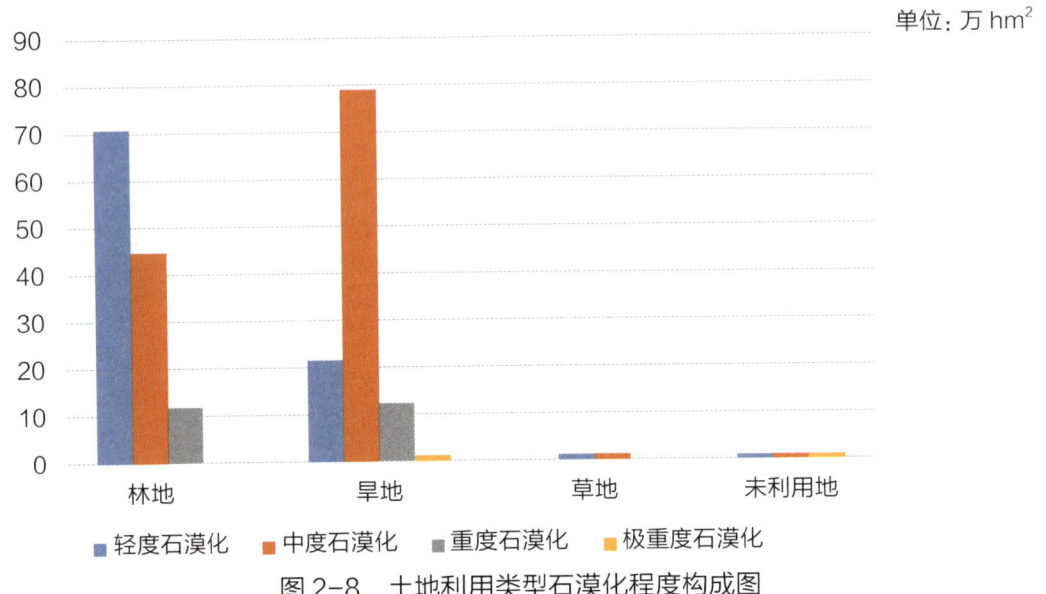

图 2-8　土地利用类型石漠化程度构成图

四、石漠化土地的植被类型状况

（一）石漠化土地植被盖度

石漠化土地平均植被综合盖度为 43.23%，其中植被综合盖度在 10% 以下的面积 7847.28hm^2，占 0.32%；植被综合盖度在 10%~19% 的面积为 14868.16hm^2，占 0.6%；植被综合盖度在 20%~29% 的面积为 36771.12hm^2，占 1.49%；植被综合盖度在 30%~39% 的面积为 212344.51hm^2，占 8.6%；植被综合盖度在 40%~49% 的面积为 1003944.60hm^2，占 40.64%；植被综合盖度在 50%~69% 的面积为 35865.22hm^2，占 1.45%；植被综合盖度在 60%~69% 的面积为 21997.34hm^2，占 0.89%；植被综合盖度在 30%~49%（耕地）的面积为 1136493.87hm^2，占 46.01%（表 2-18）。

表 2-18 按植被综合盖度型石漠化情况统计表

植被综合盖度 /hm²	石漠化土地面积 /hm²	占石漠化比例 /%
10% 以下	7847.28	0.32
10%~19%	14868.16	0.6
20%~29%	36771.12	1.49
30%~39%	212344.51	8.6
40%~49%	1003944.60	40.64
50%~59%	35865.22	1.45
60%~69%	21997.34	0.89
30%~49%（耕地）	1136493.87	46.01
合计	2470132.10	100

（二）石漠化土地植被类型

石漠化土地中，植被类型为乔木型的面积 553510.09hm²，占 22.41%；为灌木型的面积 661914.3hm²，占 26.80%；为草本型的面积 109025.45hm²，占 4.41%；为旱地作物型的面积 1138275.57hm²，占 46.08%；无植被型的面积 7406.69hm²，占 0.3%（表 2-19、图 2-9）。

表 2-19 按植被综合盖度型石漠化情况统计表

植被型	石漠化土地 /hm²	占石漠化土地比例 /%
乔木型	553510.09	22.41
灌木型	661914.3	26.8
草本型	109025.45	4.41
旱地作物型	1138275.57	46.08
无植被型	7406.69	0.3
合计	2470132.10	100

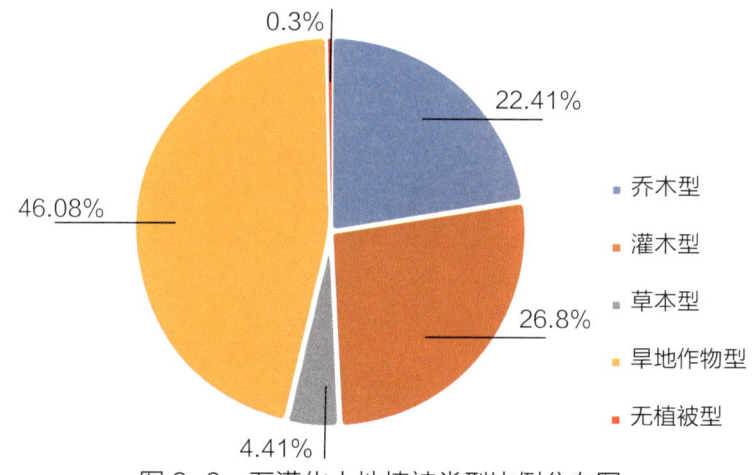

图 2-9 石漠化土地植被类型比例分布图

第三节 潜在石漠化土地

一、各市（州）潜在石漠化土地状况

全省潜在石漠化土地面积 3638546.68hm²，占岩溶土地面积的 32.35%，其中：贵阳市潜在石漠化土地面积 245788.05hm²，占全省潜在石漠化面积的 6.76%；六盘水市潜在石漠化土地面积 190307.18hm²，占 5.23%；遵义市潜在石漠化土地面积 825500.84hm²，

表 2-20　潜在石漠化分行政区划统计表

调查单位	岩溶土地面积/hm²	潜在石漠化/hm²	占全省潜在石漠化比重/%	潜在石漠化发生率/%	占全省比重排名	发生率排名
贵州省	11247200.3	3638546.68	100	32.35	/	/
贵阳市	715260.76	245788.05	6.76	34.36	6	4
六盘水市	768785.33	190307.18	5.23	24.75	8	9
遵义市	2213958.77	825500.84	22.69	37.29	1	2
安顺市	680637.43	181256.06	4.98	26.63	9	7
铜仁市	1118287.1	410043.01	11.27	36.67	4	3
黔西南州	905152.81	256992.06	7.06	28.39	5	6
毕节市	2127709.51	567381.65	15.59	26.67	3	8
黔东南州	550483.94	226656.9	6.23	41.17	7	1
黔南州	2132530.41	726540.83	19.97	34.07	2	5
贵安新区	34394.24	8080.1	0.22	23.49	10	10

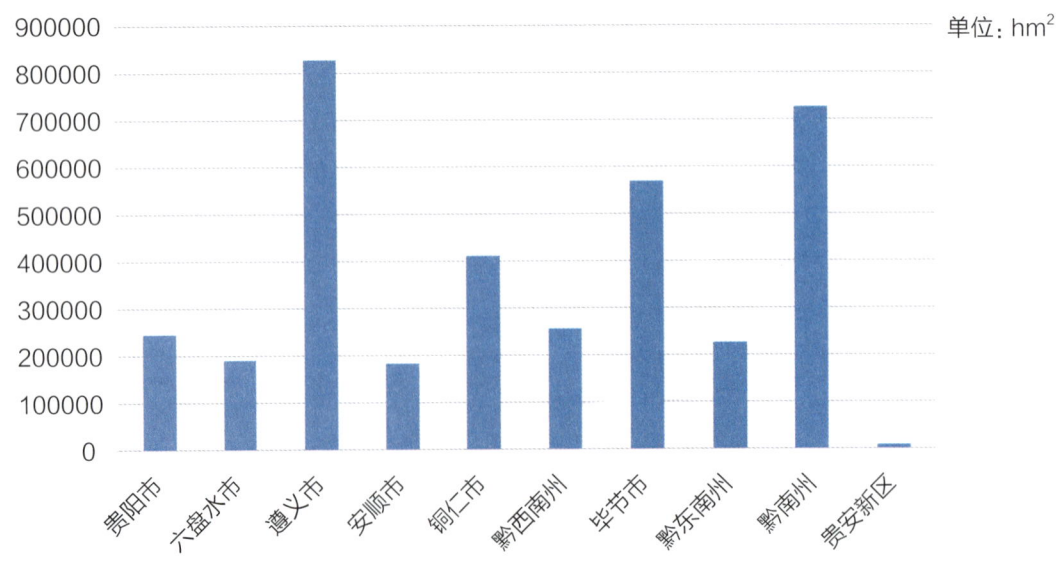

图 2-10　潜在石漠化土地区域构成图

占22.69%；安顺市潜在石漠化土地面积181256.06hm^2，占26.63%；铜仁市潜在石漠化土地面积410043.01hm^2，占11.27%；黔西南州潜在石漠化土地面积256992.06hm^2，占7.06%；毕节市潜在石漠化土地面积567381.65hm^2，占15.59%；黔东南州潜在石漠化土地面积226656.9hm^2，占6.23%；黔南州潜在石漠化土地面积726540.83hm^2，占19.97%；贵安新区潜在石漠化土地面积8080.1hm^2，占0.22%。（表2-20、图2-10）。

二、各流域潜在石漠化土地状况

长江流域潜在石漠化土地面积2602087.45hm^2，占全省潜在石漠化土地面积的71.51；珠江流域潜在石漠化土地面积1036459.23hm^2，占全省潜在石漠化土地面积的28.49%。在岩溶监测区，长江流域潜在石漠化发生率为33.87%，比珠江流域潜在石漠化发生率（29.08%）高4.79个百分点。全省三级流域中，潜在石漠化土地面积最大的流域和最小的流域分别是乌江思南以上和金沙江石鼓以下干流；潜在石漠化土地占岩溶土地比例最高和最低的流域分别是长江宜宾至宜昌干流和金沙江石鼓以下干流（表2-21、图2-11）。

表2-21 潜在石漠化土地分流域统计表

流域名称	岩溶面积/hm^2	潜在石漠化面积/hm^2	比例/%	潜在石漠化发生率/%
合计	11247200.30	3638546.68	100.00	32.35
长江流域计	7683056.89	2602087.45	71.51	33.87
金沙江石鼓以下干流	304831.04	28090.49	0.77	9.22
长江宜宾至宜昌干流	163897.34	76450.64	2.10	46.65
赤水河	712133.88	226565.09	6.23	31.81
乌江思南以上	3880328.95	1246852.08	34.27	32.13
乌江思南以下	1505222.15	613994.47	16.87	40.79
沅江浦市镇以上	1032598.56	381482.78	10.48	36.94
沅江浦市镇以下	84044.97	28651.90	0.79	34.09
珠江流域计	3564143.41	1036459.23	28.49	29.08
北盘江	1488590.97	370846.55	10.19	24.91
南盘江	380025.53	133463.05	3.67	35.12
红水河	1283520.02	386193.61	10.61	30.09
柳江	412006.89	145956.02	4.01	35.43

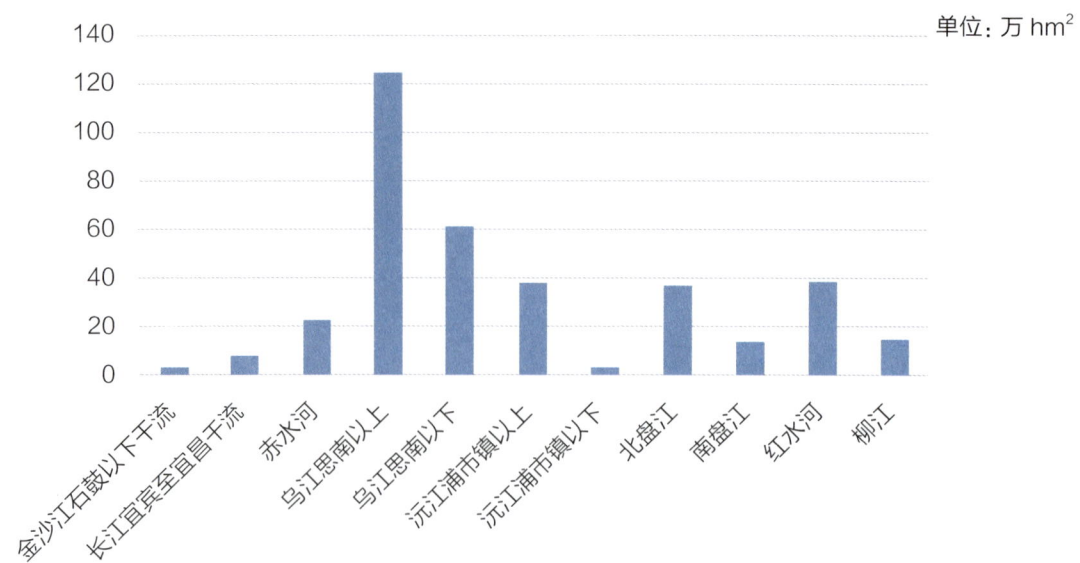

图 2-11　潜在石漠化土地区域构成图

三、各岩溶地貌潜在石漠化土地状况

从岩溶地貌潜在石漠化土地分布来看，潜在石漠化土地面积最大的是岩溶山地，占全省潜在石漠化土地面积的 83.59%，其次是岩溶丘陵，占 6.49%，第三是峰丛洼地，占 4.87%，面积最小的 3 个岩溶地貌分别是岩溶断陷盆地、孤峰残丘和岩溶峡谷（表 2-22）。

表 2-22　潜在石漠化土地分岩溶地貌统计表

岩溶地貌	岩溶土地面积 / hm²	潜在石漠化土地面积 / hm²	占潜在石漠化比例 /%	潜在石漠化发生率 /%
合计	11247200.3	3638546.68	100	32.35
峰丛洼地	639779.38	177325.62	4.87	27.72
峰林洼地	167803.82	52409.37	1.44	31.23
孤峰残丘	213544.77	14996.39	0.41	7.02
岩溶丘陵	1011613.07	236108.5	6.49	23.34
岩溶槽谷	341794.02	94823.77	2.61	27.74
岩溶峡谷	92783.57	21283.54	0.58	22.94
岩溶断陷盆地	340.37	181.52	0	53.33
岩溶山地	8779541.3	3041417.97	83.59	34.64

四、各土地利用类型潜在石漠化土地状况

潜在石漠化土地中，林地面积 3318486.45hm²，占 91.20%；旱地面积 307033.08hm²，

占 8.44%；草地面积 13027.15hm²，占 0.36%。林地中，有林地面积 2110824.61hm²，占潜在石漠化土地总面积的 58.01%；灌木林地面积 1207661.84hm²，占 33.19%（表 2-23、图 2-12）。

表 2-23　潜在石漠化土地分土地类型统计表

地类	潜在石漠化土地面积 /hm²	占潜在石漠化面积比例 /%
小计	3638546.68	100
林地	3318486.45	91.20
有林地	2110824.61	58.01
灌木林地	1207661.84	33.19
旱地	307033.08	8.44
草地	13027.15	0.36

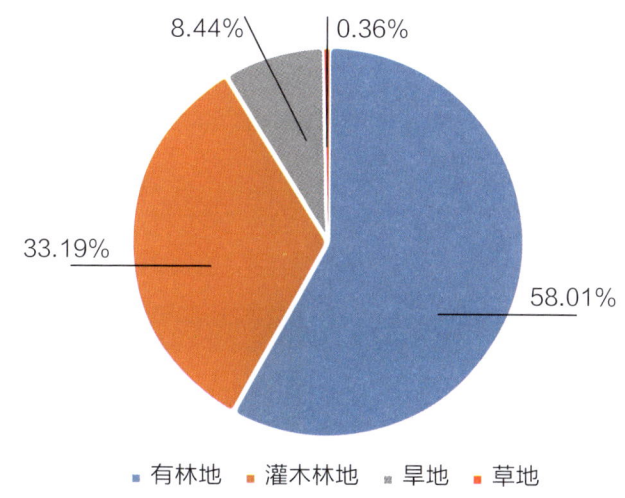

图 2-12　潜在石漠化土地利用类型占比分布图

五、各土地使用权潜在石漠化土地状况

潜在石漠化土地中，土地使用权为国有的面积 108716.29hm²，占 2.99%；土地使用权为集体的面积 2344193.75hm²，占 64.43%；土地使用权为个人的面积 1103716.76hm²，占 30.33%；土地使用权为其他的面积 81919.88hm²，占 2.25%。

六、潜在石漠化植被综合盖度状况

潜在石漠化土地平均植被综合盖度为 71.01%，其中植被综合盖度在 50%~59% 的面积 693673.36hm²，占 19.06%；植被综合盖度在 60%~69% 的面积为 726181.06hm²，占 19.96%；植被综合盖度在 70%~79% 的面积为 839966.53hm²，占 23.09%；植被综合盖度在 80%~89% 的面积为 697307.49hm²，占 19.16%；植被综合盖度在 90% 以上的面积为 374385.16hm²，占 10.29%；植被综合盖度在 30%~49%（梯土化旱地）的面积为 307033.08hm²，占 8.44%。

第四节　石漠化土地分布特点、成因和危害

一、石漠化土地分布特点

（一）石漠化土地面积大，分布广且极不均匀

全省除赤水、锦屏、剑河、台江、天柱、三穗、黎平、雷山、榕江、从江 10 个县（市）外，其余 78 个县（市、区）和贵安新区均有石漠化土地分布，以南部、西部和西北部分布较为广泛。毕节市、黔南州和黔西南州石漠化面积占全省石漠化面积的近一半，其余依次为遵义市、安顺市、六盘水市、铜仁市、贵阳市、黔东南州。

全省石漠化空间分布极不均匀，各县存在着明显的差异，石漠化面积大于 100km² 的县有 68 个，石漠化面积大于 500km² 的县有 14 个，石漠化面积大于 700km² 的县有 6 个，石漠化面积大于 1000km² 的县有 1 个。大方县石漠化土地面积最大，达 128004.44hm²，而石漠化土地面积最小的云岩区仅 378.98hm²，不足大方县石漠化土地面积的 3%。全省石漠化土地面积分布最多的 10 个县的石漠化土地面积约占全省石漠化土地面积的 34%，主要分布在六盘水市、毕节市和安顺市，全省石漠化土地面积分布最小的 10 个县石漠化土地面积仅占全省石漠化土地总面积的 2.1%，主要分布在贵阳市和黔东南州。

（二）石漠化土地岩溶地貌多样，各类型碳酸盐岩均有分布

全省石漠化土地岩溶地貌类型多样，成因复杂，代表性强。既有峰丛洼地、峰林洼地、孤峰残丘，也有岩溶槽谷、岩溶峡谷，更常见的是岩溶丘陵和岩溶山地。岩溶山地在整个岩溶地貌中的比例高达 78.06%。

石漠化土地分布与岩溶区地质背景密切相关。纯碳酸盐岩中的石漠化面积最多，占贵州石漠化土地的 39%；其次是碳酸盐岩夹碎屑岩，占 26%；灰岩与白云岩互层、碎屑岩夹碳酸盐岩、纯白云岩、碎屑岩碳酸盐岩互层分列第三、四、五、六位。安顺市、黔西南州、六盘水市石漠化土地大部分以三叠系地层为主，岩性为纯碳酸盐岩，上部极少有砂页岩覆盖，极易发生土地石漠化。而遵义市、黔东南州以奥陶系、寒武系地层为主，上部大部分地区有砂页岩、页岩等覆盖层，土被覆盖率较安顺市、黔西南州、六盘水市高，石漠化发生率相对较低。

（三）石漠化程度高，各等级程度交错分布

全省石漠化等级齐全，轻、中、重、极重度石漠化土地在各个市（州）均有分布，轻度和中度石漠化土地分布最为广泛，重度和极重度石漠化土地分布相对集中，主要分布在黔西南、六盘水和毕节等地区；从流域来看，轻度和中度石漠化土地在各个流域分布均较广泛，重度和极重度石漠化土地主要分布在思南以上和北盘江流域；从土地利用类型来看，轻度石漠化以林地为主，中度石漠化以旱地为主，重度石漠化以林地和旱地为主，极重度石漠化以旱地和未利用地为主。

全省重度石漠化土地面积 256421.14hm^2，占石漠化土地面积的 10.38%；极重度石漠化土地面积 25380.68hm^2，占石漠化土地面积的 1.03%。全省重度和极重度石漠化土地面积在全国仅次于广西，居第二位，石漠化程度高。

（四）石漠化土地主要分布在陡峭山地

石漠化地区地形地貌陡峭且破碎，相对落差大，我省石漠化土地主要分布在陡峭山地，全省石漠化土地坡度在 15°~25° 的有 947724.89hm^2，占全省石漠化土地面积的 38.40%，坡度在 25° 以上的有 915796.30hm^2，占石漠化土地面积的 37.04%。

（五）石漠化分布区域经济发展滞后

石漠化分布区域经济发展滞后，截至 2016 年底，全省 50 个扶贫开发工作重点县中，有 41 个是石漠化县，贫困问题与石漠化问题相互交织，贵州石漠化片区还有贫困人口 247.63 万人，占全省贫困人口的一半以上。石漠化分布区经济发展滞后的主要原因是石漠化地区自然条件差，生态环境脆弱，贫困程度深，脱贫难度大。

二、石漠化土地成因

（一）特定的地质及地貌

贵州碳酸盐岩分布广泛，为贵州土地石漠化的大面积发育奠定了丰富的物质基础。这些碳酸盐岩酸不溶物含量低，抗风化能力强，成土过程缓慢。由于自然土层的厚度小，土壤的抗蚀能力弱，抗蚀的年限少，极容易导致石漠化的形成。同时由于贵州岩溶地区地表崎岖破碎、山多坡陡、平地少的地表结构不仅会导致降水极易流失，还会加大降水的侵蚀能力，在不合理的开发利用下，岩溶山地非常容易导致石漠化的形成。

（二）特征气候

贵州省除西北部边缘的威宁、赫章等地年降水量不足 1000mm 外，多数地区的降水量为 1000~1300mm，这为水土流失的发生提供了充足的外动力。在贵州特殊气候条件下，碳酸盐岩的溶蚀作用非常强烈，加速了地表水的流失，导致地表土层土质疏松，在大暴

雨的冲刷下流失，进一步加快形成石漠化。

（三）独特的土壤性质和极低的植被覆盖率

在脆弱的岩溶山区，土壤成土速率较小，土层极浅，受侵蚀后的石灰土的土壤结构迅速遭到破坏，土壤的保肥保水能力迅速减弱，缺少植物生长所必需的养分含量，植物生长困难，植被覆盖率极低，岩石裸露面积增加，产生石漠化。

（四）人口增长过快，土地利用结构不合理

人口增长过快，超过土地的承载能力，是石漠化形成的最重要驱动力。贵州岩溶山区农民人口素质低下，农民观念陈旧，生产技术落后，为了解决温饱问题当地农民不得不开垦荒地，以种植粮食来维持生计，陡坡连片开垦种植，水土流失骤然发展，最终导致石漠化的形成。在贵州人口密度高的西部毕节市，由于人为活动强度大，森林覆盖率低，石漠化景观随处可见，而在人口密度小的东南部黔东南州，则森林覆盖率较高，呈现石漠化极轻的山清水秀景观。

（五）社会经济背景

贵州是全国少数民族聚居的边远贫穷的省份之一，全省的社会经济状况在全国处于落后水平，无论是人均粮食产量，还是农民人均纯收入都比较低。贵州是一个典型的岩溶农业大省，国民经济基础薄弱，农业综合生产力水平低，有相当一部分农村处于贫困状态，为了维持不断增长的人口生活的需要，该地区扩大耕地、陡坡开荒、乱砍伐森林、过度放牧等不良人为活动，从而加剧了对生态环境的干扰破坏，加剧了当地水土流失和石漠化进程。

总之，石漠化土地的形成不是一个单纯的自然过程，而是一个自然与经济社会相关联，以人为活动为诱导因素所引起的环境变化的土地退化过程。在岩溶区脆弱的自然本底上，叠加了不合理人为活动的外因，使得石漠化的速度发生了成倍的增长，不合理的人为活动是造成石漠化的主要原因。

三、土地石漠化危害

（一）水土流失

石漠化与水土流失是互为因果的关系，水土流失会产生石漠化，而石漠化的产生又会加剧水土流失。贵州省"十二五"末水土流失面积5.53万hm^2，占全省土地面积的31.38%。

（二）旱、涝等自然灾害频繁

石漠化会改变土壤物理化学性质性状、水文径流状况，并导致旱涝灾害发生强度

大、频率高、分布广，甚至还叠加发生，交替重复。随着岩溶生态环境的不断恶化，各种自然灾害普遍呈现周期短、频率加快、损失加重的趋势。"十二五"期间，全省各类自然灾害累计受灾人口达 8240.04 万人次，因灾死亡失踪 418 人，倒塌民房 12.25 万间，损坏民房 107.92 万间，农作物受灾面积 551.37 万 hm^2，平均每年因灾直接经济损失 145.89 亿元，占全省国内生产总值的 1.99%。干旱区分布约占全省总面积的 80%，其中伏旱约占 60%；洪涝易发的汛期集中了全年降雨量的 70%，极易爆发洪涝灾害和引发地质灾害。

（三）生态系统退化

石漠化导致岩溶土、水环境要素缺损，环境与生态之间的物质能量受阻，植物生境严酷，不仅导致了岩溶生态系统多样性类型正在减少或逐步消失，而且使岩溶植被发生变异以适应环境，造成岩溶山区的森林退化，区域植物的种属减少，群落结构趋于简单化，甚至发生变异。在岩溶石漠化山区，森林覆盖率低，且多为旱生植物群落，植被类型以灌木型和草本型为主。

（四）土地丧失

土地石漠化导致岩溶地区极其珍贵的土壤大量流失，土壤肥力下降，保墒能力差，可耕作资源逐年减少，粮食产量低且不稳。在大部分岩溶山区，土地呈盆景状零星分布在裸露岩石中间，农业生产方式仍停留在"刀耕火种"状态，粮食产量低，仅相当于平原地区的十分之一。

（五）水资源供给减少，用水短缺

石漠化导致植被稀少，土层变薄或基岩裸露，加之区域地表、地下景观的双重地质结构，渗漏严重，导致地表水源涵养能力极度降低，保水力差，河溪径流减少，井泉干枯，导致土地出现非地带性干旱和人畜饮水困难。

（六）长江、珠江中下游生态安全失去保障

石漠化地区，因植被稀疏、岩石裸露、涵养水源的功能衰减，迟滞洪涝的能力明显降低。同时，流域面上的土壤，由于受集中降雨的冲刷侵蚀，泥沙随地表径流入河，成为河流泥沙的主要来源，贵州位于长江、珠江上游，大部分泥沙进入长江和珠江，在两江中下游淤积，导致河道淤浅变窄，湖泊面积及其容积逐年缩小，蓄、泄洪水能力下降，直接威胁到长江、珠江中下游地区的生态安全，如西南岩溶地区石漠化是构成 1998 年长江流域特大洪灾的重要原因之一。

第三章　石漠化动态变化

第一节　石漠化监测及监测结果

一、新中国成立前贵州石漠化概况

清代从雍正二年到乾隆十四年，贵州的人数增加了140多倍，由于贵州人口大幅增长，要养活这些人口，除了不遗余力地开垦土地外，大量引种玉米成为人们应对当时人口问题的另一种思路，全省逐渐出现石漠化现象。清代贵州大部分地区都处在潜在石漠化阶段，同时，由于各个地区自然条件、开发力度等方面的差异，有些地区已开始出现轻度石漠化或中度石漠化。这些出现石漠化的地区多是人类活动介入较早的地区，如靠近川湘的黔东北地区，湘黔滇大道上的镇远、福泉、贵阳、安顺和普安等地，以及处于粤滇黔三省交界处的兴义等。这些地区交通便利，与农耕技术较发达的地区相邻，中央王朝在这里设立郡县的时间也较早，出现石漠化现象也较早。

民国时期，贵州石漠化逐步发展，虽然无法从数据上明确石漠化面积和程度，但据研究，重度石漠化集中于中北部地区和西南部地区，尤其是乌江中上游和南北盘江上游，此外，东北部的铜仁等地也有分布。中度石漠化分布较广，北部和中部均有大面积分布，西部除威宁外也有大面积分布。轻度则主要集中在东部和南部，以及西部的威宁。无明显石漠化则主要分布于东南部地区。总体而言，民国时期贵州石漠化呈现出中部最重、西部和南部略轻，东南部最轻的局面。

二、石漠化监测情况

长期以来，贵州经济社会发展由于受到石漠化的严重危害，各级政府和社会各界对我省石漠化情况进行了长期的监测和研究。1998年，贵州省发展改革委员会、贵州省林业厅组织有关专家编制了贵州省石漠化综合治理规划，提出全省严重石漠化土地 16100km^2，此外短期内有潜在石漠化趋势的岩溶地区陡坡耕地 6447km^2，两项共计 22574km^2，占全省总面积的 12.8%。贵州师范大学利用2000年TM卫星影像，对全省石漠化状况进行了解译，全省石漠化面积 35920km^2。数据的差异，严重影响各级政府综合治理决策。

2005年，根据国家林业局的统一部署，贵州省开展了第一次石漠化监测（调查）。监测范围为除赤水、锦屏、剑河、台江、天柱、三穗、黎平、雷山、榕江、从江等10个县（市）外的78个县，1432个乡（镇）。在各监测县范围内，查阅相关资料明确石灰岩的分布区域来确定石漠化监测（调查）乡（镇）；监测（调查）乡内依据相关调查资料或通过踏查方式确定岩溶区与非岩溶区，监测（调查）乡内的岩溶区即为监测（调查）范围。全省监测面积1122.38万hm^2。省林业厅成立了以金小麒副厅长为组长的省石漠化监测（调查）工作领导小组，全面负责我省的石漠化监测（调查）工作。2005年4月，组织215名技术负责人参加技术培训会。2005年5月，全面开展外业监测（调查）工作，并于2005年7月全面完成调查工作。

2011年，在国家林业局的统一部署下，我省开展了第二次石漠化监测。由国家林业局石漠化监测中心（中南林业调查规划院）统一负责技术指导和检查验收，省林业厅负责组织实施，各市（州）林业（绿化）局负责本地区的调查组织，各县林业部门负责组织本县范围图斑区划解译、外业调查核实和资料收集，并按要求在规定时间内提交监测成果。本次监测范围与前期保持一致，监测对象为78个监测县1432个监测乡的岩溶土地，本期在保持前期监测县和监测乡镇不变的情况下，对原监测乡镇范围内遗漏的岩溶土地纳入了监测范围，同时对原监测乡镇范围内的缝隙进行了补充，本期监测区面积1124.02万hm^2，新增监测面积3.24万hm^2，减去对原图斑边界修编导致原监测区面积减少1.60万hm^2，实际比上期净增监测面积1.64万hm^2。共区划图斑219153个，区划小班1379742个。

2016年，我省启动岩溶地区第三次石漠化监测工作。监测工作由省林业厅负责组织实施，成立了领导小组，全面负责监测工作的组织领导、协调和重大事项处理；领导小组下设办公室，具体负责监测工作的组织实施。国家林业局石漠化监测中心（中南林业调查规划院）负责国家级技术指导和检查验收，省林业调查规划院为技术承担单位，负责省级技术指导和质检，各市（州）林业（绿化）局负责本地区的调查组织，各县林业部门负责组织本县范围图斑区划解译、外业调查核实和资料收集，并按要求在规定时间内提交监测成果。本期与前期监测范围保持一致，但由于监测区内行政界线调整，本期涉及78个县和贵安新区，共1371个乡（镇）。前期监测面积1124.02万hm^2，本期由于坐标系由前期的北京54调整为西安80，省界和县界周围均产生一定的缝隙和碎班，将缝隙和碎班处理后本期岩溶区监测面积为1124.72万hm^2，较上期增加7025.6hm^2。本期共区划监测小班1756184个，较上期增加376443个。

三、2005年第一次石漠化监测结果

监测范围涉及78个县，1432个乡（镇），面积1122.38万hm^2，占土地面积的63.71%。在岩溶土地面积中，石漠化土地331.61万hm^2，潜在石漠化土地298.39万hm^2，非石漠化土地492.38万hm^2，详见表3-1。

表 3-1　岩溶土地石漠化状况所占比例一览表

石漠化状况	面积 / 万 hm^2	占土地面积 /%	占监测区（岩溶区）面积 /%
石漠化土地	331.61	18.82	29.54
潜在石漠化土地	298.39	16.94	26.59
非石漠化土地	492.38	27.95	43.87

（一）石漠化土地

1. 各市（州）石漠化面积及发生率

全省石漠化土地 331.61 万 hm^2，其中，贵阳市 22.53 万 hm^2、六盘水市 31.24 万 hm^2、遵义市 40.78 万 hm^2、安顺市 34.55 万 hm^2、铜仁市 30.68 万 hm^2、黔西南州 37.96 万 hm^2、毕节市 65.26 万 hm^2、黔东南州 14.88 万 hm^2、黔南州 53.72 万 hm^2。毕节市石漠化面积最大，占全省的 19.68%，其次是黔南州，占全省的 16.20，黔东南州石漠化面积最小，占全省的 4.49%。详见表 3-2。

从岩溶区石漠化发生率分析，安顺市石漠化发生率最高，为 49.32%，其次为黔西南州 41.98%、第三为六盘水市 40.41%，遵义市最低为 18.57%。

表 3-2　各市（州）石漠化情况统计表

调查单位	岩溶面积 /hm^2	石漠化面积 /hm^2	占全省石漠化比重 /%	石漠化发生率 /%
贵州省	1122.38	331.61	100.00	29.54
贵阳市	72.37	22.53	6.79	31.13
六盘水市	77.30	31.24	9.42	40.41
遵义市	219.63	40.78	12.30	18.57
安顺市	70.07	34.55	10.42	49.32
铜仁市	112.15	30.68	9.25	27.35
黔西南州	90.44	37.96	11.45	41.98
毕节市	213.44	65.26	19.68	30.57
黔东南州	54.83	14.88	4.49	27.14
黔南州	212.15	53.72	16.20	25.32

2. 石漠化程度

在石漠化土地中，轻度石漠化 105.86 万 hm^2，中度石漠化 173.30 万 hm^2，重度石漠化 43.28 万 hm^2，极重度石漠化 9.17 万 hm^2，详见表 3-3。

表 3-3 各市（州）石漠化情况统计表（单位：万 hm²）

调查单位	石漠化面积	轻度石漠化	中度石漠化	重度石漠化	极重度石漠化
贵州省	331.61	105.86	173.30	43.28	9.17
贵阳市	22.53	10.51	11.10	0.83	0.10
六盘水市	31.24	8.72	15.80	4.68	2.04
遵义市	40.78	16.90	19.57	4.23	0.08
安顺市	34.55	6.38	18.12	9.27	0.79
铜仁市	30.68	12.58	14.85	2.92	0.32
黔西南州	37.96	6.57	21.50	6.54	3.36
毕节市	65.26	17.57	38.85	7.85	0.99
黔东南州	14.88	5.98	7.11	1.71	0.08
黔南州	53.72	20.64	26.40	5.25	1.42

3. 土地利用类型

在石漠化土地中，林地 173.75 万 hm²，占 52.40%；旱地 118.48 万 hm²，占 35.73%；草地 5.05 万 hm²，占 1.52%，未利用地 34.33 万 hm²，占 10.35%。监测区岩溶土地范围内，未利用地石漠化发生率最高，为 94.32%；其次为草地，为 38.63%；第三为旱地，30.34%；林地最小，为 28.13%。在林地中，石漠化发生率按从高到低比例为：无立木林地 97.4%，宜林地 54.66%，未成林地 53.35%，疏林地 52.47%，灌木林地 20.12%，有林地 8.17%，苗圃地和林业辅助生产用地中没有石漠化土地，详见表 3-4。

表 3-4 按土地利用类型石漠化情况统计表

地类	石漠化面积 / 万 hm²	占石漠化比例 /%	石漠化发生率 /%
旱地	118.48	35.73	30.34
草地	5.05	1.52	64.42
未利用地	34.33	10.35	94.32
林地	173.75	52.40	28.13
有林地	20.04	6.04	8.17
疏林地	19.97	6.02	52.47
灌木林地	37.14	11.20	20.12
未成林造林地	18.79	5.67	53.35
无立木林地	34.51	10.41	97.40
宜林地	43.30	13.06	54.66

（二）潜在石漠化土地

1. 各市（州）潜在石漠化土地

全省潜在石漠化土地298.39万hm^2，其中贵阳市22.40万hm^2，六盘水市13.15万hm^2，遵义市72.55万hm^2，安顺市12.32万hm^2，铜仁市35.14万hm^2，黔西南州20.52万hm^2，毕节市43.31万hm^2，黔东南州20.25万hm^2，黔南州58.76万hm^2。详见表3-5。

2. 土地利用类型

在298.39万hm^2潜在石漠化土地中，林地275.23万hm^2，占92.23%；耕地20.22万hm^2，占6.78%；草地2.95万hm^2，占0.99%，详见表3-5。

表3-5 潜在石漠化按地类统计表（单位：万hm^2）

调查单位	总计	林地合计	有林地	灌木林地	旱地	草地
贵州省	298.4	275.22	160.8	114.42	20.22	2.95
贵阳市	22.4	20.43	16.95	3.48	1.91	0.05
六盘水市	13.15	11.58	4.17	7.41	1.55	0.02
遵义市	72.55	68.36	46.73	21.63	3.96	0.22
安顺市	12.32	11.77	5.81	5.96	0.07	0.48
铜仁市	35.14	29.55	24.27	5.28	4.43	1.16
黔西南州	20.52	17.82	5.24	12.58	2.13	0.58
毕节市	43.31	37.78	13.84	23.94	5.23	0.31
黔东南州	20.25	19.74	14.15	5.59	0.5	0.02
黔南州	58.76	58.21	29.65	28.56	0.44	0.12

（三）石漠化分布

据调查，除了黔东南变质岩、黔西南红水河流域中三叠系砂页岩、黔北赤水和习水侏罗系及白垩系、梵净山变质岩等非岩溶区外，岩溶区在全省范围内广泛分布。岩溶分布的地区呈现南部重、北部轻，西部重、东部轻的特点。以遵义市、毕节地区、黔南州、铜仁地区、黔西南州、六盘水市所占面积较多。石漠化土地面积为3319557.2hm^2，占岩溶地区土地面积的29%，标志着石漠化的面积已经相当大。从空间分布来看，石漠化土地多集中分布在岩溶发育的贵州南部和西部，以毕节地区、黔南州、遵义市、黔西南州、安顺市、六盘水市所占面积较多。

（四）石漠化程度及其特征

中度以上石漠化面积 2260757.6hm²，占岩溶区土地面积的 20.1%，标志着石漠化的程度已经相当严重。加上潜在石漠化土地面积可达到 52%，意味着石漠化的危险性非常高。中度以上石漠化土地占岩溶土地面积在 40% 以上的县有 11 个，即六枝、平坝、镇宁、关岭、紫云、兴义、晴隆、望谟、大方、黔西、黄果树管委会；占岩溶土地面积在 30%~39% 的县有 7 个，即习水、贞丰、册亨、安龙、纳雍、独山、长顺。石漠化土地多数有明显的外观石质化特征，土被零星，土层极薄，植被结构以低灌草丛为主、覆盖度低，生态环境严酷，土地多呈现难以利用的特征，生态上难以起到调节气候、涵养水源等功能，经济上的产出极为低下。

四、2011年第二次石漠化监测结果

全省岩溶土地面积 1124.02 万 hm²，占土地面积的 63.80%。在岩溶土地面积中，石漠化土地 302.38 万 hm²，潜在石漠化土地 325.56 万 hm²，非石漠化土地 496.08 万 hm²。与上期相比，石漠化面积减少 29.23 万 hm²，潜在石漠化面积增加 27.16 万 hm²，非石漠化面积增加 3.70 万 hm²。总体上，全省石漠化面积在减少，石漠化程度在减轻，基本遏制住石漠化扩大的趋势。岩溶土地石漠化状况分别占土地面积与岩溶区面积的比例详见表 3-6。

表 3-6　岩溶土地石漠化状况所占比例一览表

岩溶土地石漠化状况	面积 / 万 hm²	占土地面积 /%	占岩溶区面积 /%
石漠化土地	302.38	17.16	26.90
潜在石漠化土地	325.56	18.48	28.96
非石漠化土地	496.08	28.16	44.14

（一）石漠化土地

1. 各市（州）石漠化面积及发生率

全省石漠化土地 302.38 万 hm²，其中，贵阳市 18.71 万 hm²，六盘水市 28.36 万 hm²，遵义市 35.80 万 hm²，安顺市 32.99 万 hm²，铜仁市 27.92 万 hm²，黔西南州 35.92 万 hm²，毕节市 59.84 万 hm²，黔东南州 13.14 万 hm²，黔南州 49.70 万 hm²。毕节市石漠化面积最大，占全省的 19.79%，其次是黔南州，占全省的 16.43%，黔东南州石漠化面积最小，占全省的 4.35%，详见表 3-7。

从岩溶区石漠化发生率分析，安顺市石漠化发生率最高，为 47.35%；其次为黔西南州 39.69%、六盘水市 36.87%；最低为遵义市，为 16.17%。石漠化发生率与岩溶区地质背

景密切相关，安顺市、黔西南州、六盘水监测区范围内，大部分以三叠系地层为主，岩性为纯碳酸盐岩，上部极少有砂页岩覆盖，而贵州省人口密集，人为活动强烈，在这种情况下，石漠化极易发生。在遵义市、黔东南州监测区范围内，以奥陶系、寒武系地层为主，上部大部分地区有砂页岩、页岩等覆盖层，土被覆盖率较安顺市、黔西南州、六盘水市高，石漠化发生率相对较低。

表 3-7　各市（州）石漠化情况统计表

调查单位	岩溶面积/万 hm²	石漠化面积/万 hm²	占全省石漠化比重/%	石漠化发生率/%
贵州省	1124.02	302.38	100.00	26.90
贵阳市	73.34	18.71	6.19	25.52
六盘水市	76.93	28.36	9.38	36.87
遵义市	221.32	35.8	11.84	16.17
安顺市	69.68	32.99	10.91	47.35
铜仁市	111.67	27.92	9.23	25.00
黔西南州	90.5	35.92	11.88	39.69
毕节市	212.64	59.84	19.79	28.14
黔东南州	55.04	13.14	4.35	23.88
黔南州	212.89	49.7	16.43	23.34

2. 石漠化程度

在石漠化土地中，轻度石漠化 106.49 万 hm²，中度石漠化 153.41 万 hm²，重度石漠化 37.50 万 hm²，极重度石漠化 4.98 万 hm²。各程度石漠化土地面积详见表 3-8。

表 3-8　石漠化程度分行政区划统计表（单位：万 hm²）

调查单位	总计	轻度石漠化	中度石漠化	重度石漠化	极重度石漠化
贵州省	302.38	106.49	153.41	37.5	4.98
贵阳市	18.71	9.83	8.29	0.55	0.04
六盘水市	28.36	7.69	14.92	4.51	1.24
遵义市	35.8	16.39	16.39	2.97	0.05
安顺市	32.99	8.27	15.98	8.34	0.41
铜仁市	27.92	11.23	14.14	2.43	0.11
黔西南州	35.92	7.32	19.95	6.61	2.05
毕节市	59.84	17.34	35.61	6.31	0.58
黔东南州	13.14	5.75	6.46	0.92	0.02
黔南州	49.7	22.66	21.67	4.87	0.49

3. 土地利用类型

在石漠化土地中，林地 175.32 万 hm^2，占 57.98%；旱地 114.67 万 hm^2，占 37.92%；草地 5.82 万 hm^2，占 1.92%，未利用地 6.56 万 hm^2，占 2.17%。监测区岩溶土地范围内，未利用地石漠化发生率最高，为 94.66%；其次是草地，为 44.98%；第三为旱地，39.64%；林地最小，为 26.20%。在林地中，石漠化发生率按从高到低比例为：无立木林地 75.21%，宜林地 67.28%，疏林地 57.71%，未成林地 56.21%，灌木林地 28.77%，有林地 15.30%，苗圃地和林业辅助生产用地中没有石漠化土地，详见表 3-9。

表 3-9 按土地利用类型石漠化情况统计表

地类	石漠化面积 / 万 hm^2	占石漠化比例 /%	石漠化发生率 /%
旱地	114.67	37.92	39.64
草地	5.82	1.92	44.98
未利用地	6.56	2.17	94.66
林地	175.32	57.98	26.20
有林地	55.59	18.38	15.30
疏林地	4.79	1.58	57.71
灌木林地	63.04	20.85	28.77
未成林造林地	8.96	2.96	56.21
无立木林地	8.95	2.96	75.21
宜林地	33.99	11.24	67.28

（二）潜在石漠化土地

1. 市（州）级行政区划

全省潜在石漠化土地 325.56 万 hm^2，其中，贵阳市 23.23 万 hm^2，六盘水市 15.91 万 hm^2，遵义市 78.03 万 hm^2，安顺市 12.10 万 hm^2，铜仁市 37.26 万 hm^2，黔西南州 22.35 万 hm^2，毕节市 48.80 万 hm^2，黔东南州 21.66 万 hm^2，黔南州 66.21 万 hm^2。

2. 土地利用类型

潜在石漠化土地中，土地利用类型划分为林地、耕地、草地三类。其中，林地 287.87 万 hm^2，占 88.42%；耕地 33.56 万 hm^2，占 10.31%；草地 4.13 万 hm^2，占 1.27%。

（三）石漠化特点和分布规律

1. 地域分布特征

全省岩溶土地面积 1124.02 万 hm^2，占土地面积的 63.80%。除了黔东南变质岩、黔西南红水河流域砂页岩、黔北赤水和习水砂页岩、梵净山变质岩等非岩溶区外，岩溶土地在全省范围内广泛分布，且岩溶土地与非岩溶土地交错镶嵌分布，石漠化程度各等级交错分布。

贵州省岩溶土地具有分布广泛，岩溶地貌类型多样，石漠化面积大，等级齐全，程度高的特点。石漠化空间分布极不均匀，各监测县存在着明显的差异，石漠化土地面积以省南部、西部和西北部分布较为广泛，毕节市、黔南州和黔西南三个市（州）石漠化面积占全省石漠化面积的近一半，其余依次为遵义市、安顺市、六盘水市、铜仁市、贵阳市、黔东南州。

2. 岩溶地貌中的分布特征

石漠化分布总体上受地质构造影响，石漠化严重的区域主要集中在石灰岩出露岩性较纯的区域。岩溶地貌类型多样，成因复杂，代表性强，既有峰丛洼地、峰林洼地、孤峰残丘，也有岩溶槽谷、岩溶峡谷，更常见的是岩溶丘陵和岩溶山地。岩溶山地在整个岩溶地貌中的比例高达78.35%。

3. 地类的分布特征

在石漠化土地中，林地175.32万hm^2，占57.98%；旱地114.67万hm^2，占37.92%；草地5.82万hm^2，占1.92%，未利用地6.56万hm^2，占2.17%。监测区岩溶土地范围内，未利用地石漠化发生率最高，为94.66%；其次为草地，为44.98%；第三为旱地，39.64%；林地最小，为26.20%。在林地中，石漠化发生率按从高到低比例为：无立木林地75.21%，宜林地67.28%，疏林地57.71%，未成林地56.21%，灌木林地28.77%，有林地15.30%，苗圃地和林业辅助生产用地中没有石漠化土地。

五、石漠化状况动态变化

在不考虑监测面积微小变动的情况下，2005年、2011年、2016年贵州省岩溶地区的石漠化土地面积分别为331.61万、302.38万、247.01万hm^2；2005~2011年间石漠化土地面积减少29.23万hm^2，年均减少4.87万hm^2，年均缩减率为2.64%；2011~2016年间石漠化土地面积减少55.37万hm^2，年均减少11.07万hm^2，年均缩减率为3.96%（表3-10、表3-11）。

也就是说，两个监测期以来石漠化土地面积均减少，且第二个监测间隔期缩减率与年均缩减率远大于第一个监测周期。而潜在石漠化与非石漠化土地在两个监测间隔期均增加，同样在第二个监测间隔期缩减率与年均缩减率远大于第一个监测周期，表明贵州省石漠化土地石漠化土地面积扩展，程度恶化的趋势实现了逆转，且转变速率在加快。

表 3-10　贵州省不同监测期岩溶土地石漠化情况统计表（单位：万 hm²）

年度	监测面积	石漠化	潜在石漠化	非石漠化
2005 年（第一次）	1122.38	331.61	298.39	492.38
2011 年（第二次）	1124.02	302.38	325.56	496.08
2016 年（第三次）	1124.72	247.01	363.85	513.86

表 3-11　贵州省不同监测期岩溶土地石漠化变化情况统计表

年度	监测面积/万 hm²	石漠化	潜在石漠化	非石漠化
2016 与 2005 年相比	2.34	−84.6	65.46	21.48
变动率（%）	0.21	−25.51	21.94	4.36
年变动速率（%）	0.02	−2.64	1.82	0.39
2011 与 2005 年相比	1.64	−29.23	27.17	3.7
变动率（%）	0.15	−8.81	9.11	0.75
年变动速率（%）	0.02	−1.53	1.46	0.12
2016 与 2011 年相比	0.7	−55.37	38.29	17.78
变动率（%）	0.06	−18.31	11.76	3.58
年变动速率（%）	0.01	−3.96	2.25	0.71

注：年变动速率 = [(A/B)^(1/N) − 1] × 100%，A 为本期石漠化面积，B 为前期石漠化面积，N 为监测间隔期。

第二节　石漠化耕地动态变化

一、第一次监测石漠化耕地状况

根据 2005 年第一次监测数据，岩溶地区耕地面积 439.67 万 hm²。其中，石漠化耕地面积 118.48 万 hm²，占岩溶地区耕地面积 26.95%；潜在石漠化耕地面积 20.22 万 hm²，占岩溶地区耕地面积 4.60%；非石漠化耕地面积 300.97 万 hm²，占岩溶地区耕地面积 68.45%。

石漠化耕地（旱地）中，轻度石漠化耕地面积 172438.00hm²，占石漠化耕地面积 14.56%；中度石漠化耕地面积 854339.40hm²，占石漠化耕地面积 72.11%；重度石漠化耕地面积 155602.40hm²，占石漠化耕地面积 13.13%；极重度石漠化耕地面积 2384.70hm²，占石漠化耕地面积 0.20%。

各市（州）2005 年第一次石漠化耕地石漠化统计详见表 3-12。

表 3-12　各市（州）2005 年石漠化监测耕地统计表（单位：hm²）

统计单位	石漠化土地					潜在石漠化土地
	总计	旱地				旱地
		轻度	中度	重度	极重度	
贵州省	1184764.50	172438.00	854339.40	155602.40	2384.70	202210.40
贵阳市	107713.90	35038.90	69598.40	3076.60		19105.60
六盘水市	118879.50	25420.00	71194.00	20802.80	1462.70	15526.20
遵义市	176775.40	41479.60	106366.00	28859.10	70.70	39644.80
安顺市	90201.30	25197.10	45638.90	19090.60	274.70	665.20
铜仁市	94653.70	3658.60	75720.90	15137.80	136.40	44345.50
黔西南州	174583.00	9980.50	135657.80	28504.50	440.20	21291.20
毕节市	328014.80	13114.40	281190.50	33709.90		52272.70
黔东南州	21615.10	2410.60	18329.60	874.90		5003.60
黔南州	72327.80	16138.30	50643.30	5546.20		4355.60

二、第二次监测石漠化耕地状况

根据 2011 年第二次监测数据，岩溶地区耕地面积 4048017.50hm²。其中，石漠化耕地面积 1151099.40hm²，占岩溶地区耕地面积 28.44%；潜在石漠化耕地面积 331186.20hm²，占岩溶地区耕地面积 8.18%；非石漠化耕地面积 2565731.90hm²，占岩溶地区耕地面积 63.38%。

石漠化耕地（旱地）中，轻度石漠化耕地面积 204118.50hm²，占石漠化耕地面积 17.73%；中度石漠化耕地面积 799546.10hm²，占石漠化耕地面积 69.46%；重度石漠化耕地面积 139073.10hm²，占石漠化耕地面积 12.08%；极重度石漠化耕地面积 8361.70hm²，占石漠化耕地面积 0.73%。

各市（州）2011 年第二次石漠化耕地石漠化统计详见表 3-13。

表 3-13　各市（州）2011 年石漠化监测耕地统计表（单位：hm²）

统计单位	石漠化土地					潜在石漠化土地
	总计	旱地				梯土化旱地
		轻度	中度	重度	极重度	
贵州省	1151099.40	204118.50	799546.10	139073.10	8361.70	331186.20
贵阳市	94631.90	31846.50	60067.20	2672.90	45.30	24671.30
六盘水市	97074.30	19676.40	62231.90	14120.80	1045.20	24884.90

续表

统计单位	石漠化土地					潜在石漠化土地
	总计	旱地				梯土化旱地
		轻度	中度	重度	极重度	
遵义市	175134.30	45864.70	109291.70	19830.80	147.10	127114.50
安顺市	85815.80	19880.50	43533.30	21496.60	905.40	23324.60
铜仁市	108782.60	14874.20	80480.10	13161.00	267.30	30513.40
黔西南州	157244.90	10929.70	116567.80	25647.20	4100.20	10115.30
毕节市	315531.80	39123.40	240861.60	33767.30	1779.50	48118.00
黔东南州	28004.40	5165.70	21498.60	1305.40	34.70	10467.60
黔南州	88879.40	16757.40	65013.90	7071.10	37.00	31976.60

三、第三次监测石漠化耕地状况

根据2016年第三次监测数据，岩溶地区耕地面积3878388.44hm²。其中，石漠化耕地面积1136493.87hm²，占岩溶地区耕地面积29.30%；潜在石漠化耕地面积307033.08hm²，占岩溶地区耕地面积7.92%；非石漠化耕地面积2434861.49hm²，占岩溶地区耕地面积62.78%。

石漠化耕地（旱地）中，轻度石漠化耕地面积213693.75hm²，占石漠化耕地面积18.80%；中度石漠化耕地面积790221.88hm²，占石漠化耕地面积69.53%；重度石漠化耕地面积122847.93hm²，占石漠化耕地面积10.81%；极重度石漠化耕地面积9730.31hm²，占石漠化耕地面积0.86%。

各市（州）2016年第三次石漠化耕地石漠化统计详见表3-14。

表3-14　各市（州）2016年石漠化监测耕地统计表（单位：hm²）

统计单位	石漠化土地					潜在石漠化土地
	总计	旱地				梯土化旱地
		轻度	中度	重度	极重度	
贵州省	1136493.87	213693.75	790221.88	122847.93	9730.31	307033.08
贵阳市	95697.99	33020.63	59829.30	2804.53	43.53	22374.23
六盘水市	76416.36	20691.63	43109.41	9695.65	2919.67	15583.67
遵义市	186395.19	45422.22	125501.99	15319.63	151.35	115936.66
安顺市	72695.75	17591.77	41060.84	13418.98	624.16	29776.59

续表

统计单位	石漠化土地					潜在石漠化土地
	总计	旱地				梯土化旱地
		轻度	中度	重度	极重度	
铜仁市	102151.16	14297.50	74184.44	13398.12	271.10	24087.64
黔西南州	149575.14	10576.02	110160.88	25101.55	3736.69	11943.02
毕节市	305412.96	40832.18	230797.97	31898.49	1884.32	46457.28
黔东南州	49440.46	14984.18	32747.77	1677.26	31.25	7057.26
黔南州	93845.76	16099.79	69521.96	8155.77	68.24	33671.59
贵安新区	4863.10	177.83	3307.32	1377.95	0.00	145.14

四、监测期石漠化耕地动态变化

（一）2005~2011 年监测期

根据 2005 年第一次监测数据和 2011 年第二次监测数据对比，监测期内岩溶区耕地面积减少了 347957.80hm^2。其中石漠化耕地面积减少 33665.10hm^2，潜在石漠化耕地面积增加 128975.80hm^2。

石漠化耕地中，轻度石漠化耕地面积增加 31680.50hm^2，中度石漠化耕地面积减少 54793.30hm^2，重度石漠化耕地面积减少 16529.30hm^2，极重度石漠化耕地面积增加 5977.00hm^2。各市（州）2005~2011 年监测期石漠化耕地动态变化统计详见表 3-15。

表 3-15　各市（州）2005~2011 年监测期石漠化及潜在石漠化耕地动态变化统计表（单位：hm^2）

统计单位	石漠化土地					潜在石漠化土地
	总计	旱地				梯土化旱地
		轻度	中度	重度	极重度	
贵州省	-33665.10	31680.50	-54793.30	-16529.30	5977.00	128975.80
贵阳市	-13082.00	-3192.40	-9531.20	-403.70	45.30	5565.70
六盘水市	-21805.20	-5743.60	-8962.10	-6682.00	-417.50	9358.70
遵义市	-1641.10	4385.10	2925.70	-9028.30	76.40	87469.70
安顺市	-4385.50	-5316.60	-2105.60	2406.00	630.70	22659.40
铜仁市	14128.90	11215.60	4759.20	-1976.80	130.90	-13832.10
黔西南州	-17338.10	949.20	-19090.00	-2857.30	3660.00	-11175.90

续表

统计单位	石漠化土地					潜在石漠化土地
	总计	旱地				梯土化旱地
		轻度	中度	重度	极重度	
毕节市	-12483.00	26009.00	-40328.90	57.40	1779.50	-4154.70
黔东南州	6389.30	2755.10	3169.00	430.50	34.70	5464.00
黔南州	16551.60	619.10	14370.60	1524.90	37.00	27621.00

（二）2011~2016年监测期

根据2011年第二次监测数据和2016年第三次监测数据对比，监测期内岩溶区耕地面积减少169629.06hm^2。其中石漠化耕地面积减少14605.53hm^2，潜在石漠化耕地面积减少24153.12hm^2。

石漠化耕地中，轻度石漠化耕地面积增加9575.25hm^2，中度石漠化耕地面积减少9324.22hm^2，重度石漠化耕地面积减少16225.17hm^2，极重度石漠化耕地面积增加1368.61hm^2。各市（州）2011~2016年监测期石漠化、潜在石漠化耕地动态变化统计详见表3-16。

表3-16 各市（州）2011~2016年监测期石漠化及潜在石漠化耕地动态变化统计表（单位：hm^2）

统计单位	石漠化土地					潜在石漠化土地
	总计	旱地				梯土化旱地
		轻度	中度	重度	极重度	
贵州省	-14605.53	9575.25	-9324.22	-16225.17	1368.61	-24153.12
贵阳市	6265.77	3711.23	2058.32	497.91	-1.69	-1265.78
六盘水市	-20657.94	1015.23	-19122.49	-4425.15	1874.47	-9301.23
遵义市	11260.89	-442.48	16210.29	-4511.17	4.25	-11177.84
安顺市	-11498.71	-2288.73	-1704.52	-7224.22	-281.24	6453.06
铜仁市	-6631.44	-576.70	-6295.66	237.12	3.80	-6425.76
黔西南州	-7669.76	-353.68	-6406.92	-545.65	-363.51	1827.72
毕节市	-10118.84	1708.78	-10063.63	-1868.81	104.82	-1660.72
黔东南州	21436.06	9818.48	11249.17	371.86	-3.45	-3410.34
黔南州	4966.36	-657.61	4508.06	1084.67	31.24	1694.99
贵安新区	161.20	58.51	-160.93	263.62	0.00	-26.19

（三）2005~2016 年监测期

根据 2005 年第一次监测数据和 2016 年第三次监测数据对比，监测期内岩溶区耕地面积减少 517586.86hm^2。其中石漠化耕地面积减少 48270.63hm^2，潜在石漠化耕地面积增加 104822.68hm^2。

石漠化耕地中，轻度石漠化耕地面积增加 41255.75hm^2，中度石漠化耕地面积减少 64117.52hm^2，重度石漠化耕地面积减少 32754.47hm^2，极重度石漠化耕地面积增加 7345.61hm^2。各市（州）2005~2016 年监测期石漠化耕地动态变化统计详见表 3-17。

表 3-17 各市（州）2005~2016 年监测期石漠化及潜在石漠化耕地动态变化统计表（单位：hm^2）

统计单位	石漠化土地					潜在石漠化土地
	总计	旱地				梯土化旱地
		轻度	中度	重度	极重度	
贵州省	-48270.63	41255.75	-64117.52	-32754.47	7345.61	104822.68
贵阳市	-9883.84	-1993.97	-7638.83	-294.57	43.53	3284.50
六盘水市	-42463.14	-4728.37	-28084.59	-11107.15	1456.97	57.47
遵义市	9619.79	3942.62	19135.99	-13539.47	80.65	76291.86
安顺市	-16093.55	-7629.63	-3905.57	-4907.81	349.46	29095.52
铜仁市	7497.46	10638.90	-1536.46	-1739.68	134.70	-20257.86
黔西南州	-25007.86	595.52	-25496.92	-3402.95	3296.49	-9348.18
毕节市	-22601.84	27717.78	-50392.53	-1811.41	1884.32	-5815.42
黔东南州	27825.36	12573.58	14418.17	802.36	31.25	2053.66
黔南州	21517.96	-38.51	18878.66	2609.57	68.24	29315.99
贵安新区	1319.03	177.83	504.56	636.64	0.00	145.14

第三节 石漠化动态变化原因分析

一、自然修复因素

贵州地处西南亚季风气候区，水热资源丰富，生态环境有强大的自然修复能力。经调查研究，即使在石质无土的裸岩上也能生长植被，在无人为干扰和自然灾害的条件下，数十年内多能形成较高的植被覆盖度，甚至可以形成相对稳定的植被群落。近年来，随着人们生态保护意识的不断提升，人为因素对岩溶土地干扰减小，使岩溶生态系统在遭遇较大自然灾害的情况下，依然得到逐步修复的机会。同时，外出务工人员增加，居民对土地的依赖减少。根据 78 个监测县和贵安新区上报数据统计，在外务工农村劳力 539 万左右，这种情况造成大量耕地被弃耕、退耕，也使得人们对土地的依赖减少。在贵州的自然气候条件下，只要不予破坏和减少人为干扰，生态系统的自然修复能力能得到充分体现。监测期内，全省因自然修复因素导致石漠化状况发生好转的面积共 182804.25 hm^2，占全省石漠化状况好转面积的 19.52%。

二、生态工程的实施

随着林业生态建设力度加大，全省森林面积大幅增长，森林质量明显提升。2006~2015 年的 10 年间，随着天然林资源保护、退耕还林（草）、珠江防护林体系建设、植被恢复费建设、巩固退耕还林成果专项建设、县乡村造林绿化等林业和生态建设重点工程的实施，共完成营造林任务 263.08 万 hm^2，其中人工造林 146.06 万 hm^2，封山育林 117.02 万 hm^2，仅"十二五"期间全省林业投资达 200.45 亿元。全省森林面积从 2005 年的 7908314hm^2 增加到 2015 年的 9806013hm^2；森林覆盖率从 39.93% 提高到 2016 年度的 52%；森林蓄积从 3.10 亿 m^3 增加到 5.66 亿 m^3。在加大生态建设力度的同时，以天保工程管护和公益林管护为主体的森林资源保护力度也得到增强，天保工程有效管护森林面积 439.76 万 hm^2，落实管护责任的国家级公益林面积 342.76 万 hm^2，地方公益林 250.00 万 hm^2，使全省大部分森林资源纳入有效管护范围。通过建设与保护相结合，全省森林质量明显提高，乔木林平均蓄积从 2005 年末的 46.99m^3/hm^2 提高到 67m^3/hm^2，林分结构得到明显改善，森林自然度、景观等级和生态功能等级得到提高。从 2006 年到 2011 年，共完成营造林任务 97.66 万 hm^2，其中人工造林 38.90 万 hm^2，封山育林 60.71 万 hm^2，这部分生态建设成效，在本期监测中得到充分反映。

石漠化综合治理工程持续实施。2008 年，国家启动了石漠化综合治理试点工程，贵州省 55 个县作为第一批启动县开始实施石漠化综合治理。2011 年，新增 23 个县列入石漠化综合治理实施单位。至此，全省 78 个石漠化监测县和贵安新区全部列入国家石漠化综合治理实施单位。在石漠化综合治理中，坚持把石漠化综合治理与项目区经济社会发展有机结合起来，治水与固土并重，生物措施、工程措施和技术措施并举，以小流域为单元，以改善生态环境和增加农民收入为切入点，科学合理布局各项石漠化治理工程，提高了石漠化综合治理效果，实现了生态效益、经济效益和社会效益有机统一。石漠化综合治理工程 2008~2015 年期间累计下达中央预算内林业投资 39.14 亿元，完成了石漠化综合治理植被建设和保护面积 708350.65hm^2，治理岩溶面积 1895129hm^2，治理石漠化面积 699630hm^2。

2014~2016 年间，省林业调查规划院连续三年盘县啸天龙小流域等 27 条小流域开展了石漠化综合治理成效监测。监测结果表明，通过石漠化综合治理工程和其他林业生态工程的实施，监测区石漠化状况明显改善，石漠化土地面积逐步减少，石漠化土地生产能力逐步得到恢复，区域生态环境质量明显提升，石漠化土地生态承载力逐步提升。

本次监测，全省因各项生态工程引起石漠化程度或状况发生好转的面积共654107.2hm²，占全省石漠化程度或状况好转面积的67.52%，各项生态工程措施发挥了成效，充分体现了工程治理效果。

三、农业产业结构的调整

近年来，贵州省不断加大农业产业结构调整力度，大量坡耕地从粮食种植向经济林种植转变。省委、省政府整合各类涉农资金，大力调整农业产业结构，大力发展茶叶、核桃、油茶和各类中药材种植。通过巩固退耕还林项目、石漠化综合治理、扶贫项目等渠道资金，"十二五"期间全省新增经济林面积53.67万hm²，目前全省经济林面积已达150.53万hm²，农业产业结构的调整，不仅改善了林区生态环境，也使林区民生不断得到改善。

四、农村能源结构的调整

随着新能源和可再生能源的快速发展，农村能源结构得到有效改善，薪柴消耗大量减少。贵州省早在2009年就在西部地区率先实现了"户户通电"，随着经济的不断发展，全省扎实推进农村能源结构调整，大力发展清洁能源，截至2015年底，全省农村使用沼气池普及率达到50%，通过沼气池、省柴节煤灶等建设，降低了薪柴的消耗，使森林资源得到了有效保护，各项生态工程的封山育林得到了很好的落实，改善了生态环境，同时也促进了农业产业结构调整，发展了农村经济。

五、岩溶区农村人口的转移

近年来，贵州省大力实施生态移民，把居住在深山区、石山区、生态环境脆弱地区等生产生活条件极为艰苦地区的贫困农户搬迁出来，截至2015年上半年，全省共建设了457个移民安置点，实施完成易地搬迁42万余人，在移民生产生活条件得到较大改善的同时，减轻了迁出地区生态环境压力，促进生态保护和修复，使得石漠化山区生态系统得到较快的恢复。

六、工程建设

本次监测期正是我省经济发展又快又好的时期，各项工程建设用地明显增加，工程建设使用石漠化土地面积大量增加。"十二五"期间，全省水利投资1122亿元，新建骨干水源工程156座，39座进入贵州省"十二五"期间重点建设项目名单，仅夹岩水利枢纽及黔西北供水工程占地就达4600hm²；全省每个县均新建了1个以上的产业园区；全省开工建设高速公路项目52个，通车里程新增约5000km，实现了县县通高速；新建铁路里程约3500km等。监测期内，因工程建设导致104520.52hm^{2}石漠化和潜在石漠化土地转变为非石漠化土地，占好转面积的11.16%。

参考文献

[1] 陈起伟等.基于3S的贵州喀斯特石漠化遥感监测研究[J].干旱区资源与环境，2014，28（3）：62-68.

[2] 李军，裴世东.清末民国时期贵州森林面积变迁原因探究[J].农业考古，2015，4：205-213.

[3] 张友谊.清代贵州石漠化分布状况及其认为成因的初步研究[D].上海：复旦大学历史地理研究中心，2010.

[4] 杨士超.民国时期贵州石漠化分布的复原及其成因研究[D].上海：复旦大学历史地理研究中心，2010.

[5] 李建存，涂杰楠，童立强，等.贵州岩溶石漠化20年演变特征与影响因素分析[J].国土资源遥感，2013，25（4）：133-136.

[6] 陈起伟，熊康宁，蓝安军.基于"3S"的贵州喀斯特石漠化现状及变化趋势分析[J].中国岩溶，2007，26（1）：37-41.

第四章　石漠化综合治理成效评价

石漠化是西南岩溶地区的生态环境问题之首、灾害之源、贫困之因、落后之根。贵州位于世界三大喀斯特区域之一的中国西南岩溶地区中心腹地，岩溶出露面积占全省总面积的61.92%，是我国石漠化面积最大、等级最齐、程度最深、类型最复杂、危害最重的省份。石漠化治理是一个长期复杂的过程，是一项综合系统工程，中国岩溶石漠化治理在20世纪90年代初就引起了中央和地方的高度重视，在针对石漠化治理的国家科技攻关、扶贫开发、长江中游水土保持工程、长江防护林带工程、世界粮食计划（WFP）3146和3356等工程实施过程中，探索和总结了许多关于石漠化治理的模式和技术。贵州石漠化综合治理始于"十一五"期间，国家启动了西南地区100个石漠化典型县的石漠化综合治理试点专项，贵州有55个县列入了此试点专项。

第一节　石漠化综合治理工程

一、石漠化综合治理工程主要内容

石漠化治理是一项系统工程，需要综合治理，治理措施涉及多方面的内容，概括起来主要是：林业工程对石漠化土地植被恢复；草地改良、调整畜牧结构；水土整治和利用；教育扶贫、易地搬迁、调节人口存载量；农村能源改造，开发可再生能源等内容。

（一）实施林业工程对石漠化土地植被建设和保护

林业工程主要是加强植被建设，采用造林、封山育林、退耕还林还草等措施，提高石漠化地区植被盖度。一是人工造林，根据不同的生态区位条件，结合土壤、气候和技术手段，遵循自然规律，因地制宜，科学营造防护林、水土保持林和薪炭林，结合产业发展、市场需要，发展特色经济林。二是封山育林，封山育林是利用自然修复力结合人工辅助措施，促进石漠化土地植被恢复的一种有效措施，用工少、成本低、破坏少、见效快。通过石漠化土地封山育林，植被种类增多，生物多样性增加，土壤得到改良，保持水土的能力增强，水源条件得到了有效改善。封山育林建设内容包括设立封山育林标志、标牌、落实管护人员，实施有效的封育措施和管护措施。三是退耕还林还草，主要在治理流域内对陡坡耕地，结合土地利用规划，有计划地实施退耕还林还草。

（二）实施草地改良、调整畜牧结构，发展畜牧业

一是草地改良建设。主要包括人工种草和改良草地，在中度和轻度石漠化地区的原有天然植被条件下，通过草地除杂、补播、施肥、围栏等措施，使退化了的天然低产劣

质草地更新为优质高产的草地。根据实际需要和适宜的条件，建设人工草场。二是发展草食畜牧业。按照草畜平衡的原则，合理安排载畜量。要充分利用草地资源以及农作物秸秆资源，调整畜种结构，改良品种，加快草食畜牧业发展。

（三）实施水土整治和利用，加强基本农田建设

一是为保护和改善石漠化地区的生态环境和生产条件，要把以坡耕地水土综合整治，建设基本农田为重点的水土保持小流域综合治理作为工作重点，以坡改梯为主、并配套建设田间生产道路、引水渠、排涝渠、拦沙谷坊坝、沉沙池、蓄水池等坡面及沟道水土保持设施。同时，建设小型水利水保配套工程，蓄水保土，合理开发与有效利用水土资源。二是岩溶地区虽然降雨不少，但地表水系不发育，地表水漏失严重，蓄水条件差，而地下水比较丰富，要在地质详查的基础上合理开发地下河，采取地表水—地下水综合利用的措施，通过蓄、引、提、堵等方式，开发利用水资源。

（四）实施农村能源改造，开发可再生能源

农村能源建设坚持"因地制宜、多能互补、综合利用、讲求效益"和"开发与节约并重"方针，以市场为导向，以服务农村经济发展为目的，将农村能源建设置于农业、农村经济的可持续发展之中。从目前的实际出发，以户用沼气池建设为重点，加强节柴灶、太阳能、薪炭林和小型水电等农村能源建设。

（五）实施教育扶贫和扶贫搬迁，调节石漠化土地人口存载量

石漠化地区人多地少是主要矛盾，对于生态区位重要，岩石裸露，水资源缺乏，生态状况恶劣，耕地土壤生产力低下，不适宜于人类居住的区域。教育扶贫是解决人口较少的有效途径之一，政府要加大教育扶持力度，做好组织和培训工作，努力提高人才输出和劳务输出，确保迁出人口有稳定的经济来源。同时，政府要组织好扶贫移民搬迁工作，确保迁出人口有土地资源和经济来源，千方百计减少人口对土地的压力，调节石漠化土地人口存载量，遏制石漠化扩大。

二、石漠化综合治理工程建设任务及投资

"十一五"期间（2008~2010年），贵州省55个县（市、区）进行了石漠化综合治理工程，治理岩溶面积7398.487km^2，治理石漠化面积2497.286km^2。实施人工造林82683.07hm^2，封山育林123450.8hm^2；人工种草40777.234hm^2，建设棚圈581722.33m^2，饲草机械5302台（套），青贮窖191039.1m^3；坡改梯建设规模3835.7705hm^2，排灌沟渠947.1204km，沟道整治工程56.99km，拦沙/谷坊坝248座，沉沙池5945口，蓄水池/水窖7944口，田间生产道路983.46km，输水管428.093km，贵州省石漠化综合治理工程建设累计投资127223.05万元，其中中央资金116189.36万元，地方配套资金11033.69

万元。

"十二五"期间（2011~2015年），石漠化综合治理工程计划治理小流域373条，治理岩溶面积4392.205km²、治理石漠化面积1861.686km²，占规划区石漠化总面积的70.92%；实施林草植被保护工程435262hm²，其中封山育林育草面积276789hm²，人工造林157191hm²，经济林96311hm²、防护林56523hm²、用材林4357hm²、种植中草药1282hm²；实施草食畜牧业工程34787hm²，其中人工种草23330hm²，改良草地10208hm²，林下种草2980hm²，改良种畜305头，棚圈建设557647.5m²，饲料机械11452台，青贮窖161209.68m³，围栏159km；实施水利水保工程：建设坡改梯3261.97hm²，田间生产作业便路2314.725km，机耕道27722.40km，引水渠37093.36km，排涝渠1876.69km，截排水沟23673.89km，输配水管402.22km，谷坊26座，拦沙坝13座，沉沙池7024口，蓄水池8812口，灌溉渠123.25km，高位进水池1个，提灌站16个，维修山塘110个，河堤24.71km，拦水堰60个，倒虹管0.25km。贵州省石漠化综合治理工程建设累计投资2622210.74万元，其中中央资金2394793.93万元，地方配套资金227416.81万元。

"十三五"初至2017年底，贵州省78个县（市、区）进行了石漠化综合治理工程，治理岩溶面积4000km²，治理石漠化面积2000km²。实施林草植被保护工程207885.35hm²，其中封山育林育草面积112497.72hm²，人工造林95387.63hm²，实施草食畜牧业工程128252.2hm²，其中天然草地种草面积96572.4hm²，其他地类种草面积31679.8hm²；圈养牲畜883984头，放养牲畜5396090头；棚圈建设334209.62m²，青贮窖97698.78m³，围栏41.92km；实施水利水保工程：建设坡改梯3261.97hm²，田间生产作业便路2314.725km，机耕道27722.40km，引水渠37093.36km，排涝渠1876.69km，截排水沟23673.89km，输配水管402.22km，谷坊26座，拦沙坝13座，沉沙池7024口，蓄水池8812口，灌溉渠123.25km，高位进水池1个，提灌站16个，维修山塘110个，河堤24.71km，拦水堰60个，倒虹管0.25km。贵州省石漠化综合治理工程建设累计投资100000万元。

第二节　石漠化综合治理工程评价

进入新世纪以来，党中央、国务院高度重视生态建设，贵州省在历届省委、省政府领导下，全省各部门通力协作，先后在岩溶地区实施了天然林保护、退耕还林（草）、天然草地植被恢复与建设、退牧还草、农业产业结构调整、基本农田建设、农村就业转移培训、水土保持、人畜饮水、农村小水电、农村能源建设、水利水保措施、易地扶贫搬迁等一系列国家重点工程，从不同角度对石漠化进行治理，全省石漠化面积在减少，程度在减轻，基本遏制了石漠化继续扩大的势头，石漠化综合治理成效初显。

一、石漠化工程治理工程成效

贵州省岩溶地区石漠化综合治理工程自 2008 年启动实施以来，截至 2017 年底，贵州省 78 个县已累计完成中央预算内专项投资 285 亿元，完成岩溶土地治理面积 12190.69km^2，石漠化治理面积 6358.97km^2。在专项投资的带动下，78 个石漠化县积极整合退耕还林（草）、天然林保护、长江防护林、珠江防护林、农业综合开发、土地整治等相关方面的中央资金规模达 58.23 亿元，初步完成石漠化治理面积 1114.3km^2。总的来看，贵州省石漠化综合治理工程建设取得了显著成效。

（一）石漠化面积减少、程度减轻

根据贵州省三次石漠化监测结果显示，2005 年、2010 年、2015 年 15 年间工程区石漠化土地面积减少 845943hm^2，减少了 25.51%，年均减少面积 56396hm^2，年均缩减率为 1.70%，石漠化扩展态势得到初步遏制。各市的石漠化土地面积均出现净减少，毕节市石漠化减少面积最多，为 155805.47hm^2，变化率最大的是贵阳市，减少了 32.34%。各市（州）石漠化监测第一次与第三次石漠化面积和变化率情况如下表 4-1。

表 4-1　贵州省石漠化监测第一次与第三次石漠化面积比较表

统计单位	第一次 /hm^2	第三次 /hm^2	面积变化 /hm^2	变化率 /%
贵州省	3316074.7	2470132.10	−845942.6	−25.51
贵阳市	225306.6	152434.28	−72872.32	−32.34
六盘水市	312376.9	234228.81	−78148.09	−25.02
遵义市	407849.9	293202.30	−114647.6	−28.11
安顺市	345542.5	244948.48	−100594.02	−29.11
铜仁市	306767.1	223219.13	−83547.97	−27.23
黔西南州	379643.1	303275.45	−76367.65	−20.12
毕节市	652567.0	496761.53	−155805.47	−23.88
黔东南州	148818.1	109774.29	−39043.81	−26.24
黔南州	537203.5	412287.83	−124915.67	−23.25

按石漠化程度来看，轻度、中度、重度石漠化、极重度石漠化占石漠化比重由第一次监测（2005 年）的 31.92∶52.26∶13.05∶2.77，第二次监测（2010 年）的 35.08∶50.79∶12.49∶1.65，到第三次监测（2015 年）的 37.82∶50.77∶10.38∶1.03，中度石漠化、重度石漠化、极重度石漠化的比重在减少，轻度石漠化比重在增加，石漠化程度

减轻。石漠化程度变化见下表 4-2。

表 4-2 贵州省石漠化监测石漠化程度比较表（单位：%）

监测年度	轻度石漠化	中度石漠化	重度石漠化	极重度石漠化
2005	31.92	52.26	13.05	2.77
2010	35.08	50.79	12.49	1.65
2015	37.82	50.77	10.38	1.03

（二）植被盖度明显增加，生态状况逐步改善

通过实施人工造林、封山育林、退耕还林（草）等林草植被恢复措施，工程区森林覆盖率、林草植被综合盖度逐渐提高，植被结构改善，野生动物种群数量明显增多，生物多样性得到有效恢复，植被涵养水源、固碳释氧、净化空气等生态功能显著增强。据贵州省三次石漠化监测显示，岩溶地区生态状况改善的面积为 936334.62hm^2，保持稳定的面积为 10239827.33hm^2，两类面积占到监测区岩溶土地面积的 99.37%，表明监测区生态状况整体上呈现"稳步向好"的态势；乔木型、灌木型植被面积增加，植被盖度增加约 5 个百分点，植被状况逐步好转；乔木灌木植被比例增加约 2 个百分点，无植被类型的面积减少 1 个百分点，植被群落结构呈现良性改善。多年石漠化治理经验增强了群众石漠化防治的信心，带动了干部、群众、社区、企业等全社会参与石漠化治理的积极性，工程区群众生态文明意识显著提高。

（三）固土保水功能增强，水土流失减少

随着石漠化综合治理工程的持续推进，区域陡坡耕作比重下降，林草植被保持水土功能增强，特别是工程区通过实施坡改梯及沉沙池、沟道整治、拦沙（谷坊坝）、排灌沟渠、蓄水池（水窖）等水土保持配套措施，实现降坡保土，合理拦蓄和利用水资源，减缓洪水冲刷强度，显著减轻了水土流失，实现了"土不下山、水不乱流"的良性局面，有效减少了泥沙淤积对江河流域水利、水电设施的危害，对维护两江生态安全发挥了重要作用。

二、治理石漠化主要经验

石漠化综合治理工程实施以来，贵州省有关部门积极支持，各级地方政府和干部群众创造性地开展工作，积累了丰富的经验。具体体现在以下几个方面。

（一）完善综合治理体系，加强部门协调配合

岩溶地区石漠化综合治理工程坚持山、水、田、林、路综合治理，将造林种草、畜牧业舍饲、小型水利水保等措施协调配置，生物措施、工程措施和农艺措施并用，提升

了石漠化防治的质量和成效。贵州省有关部门高度重视石漠化治理工作，多次召开石漠化综合治理工程协调会议，加强对工程建设的指导。相关各市（州）及县（市、区、特区）级人民政府均成立了石漠化综合治理工程领导小组，形成了以发展改革部门负责工程建设综合协调和管理，林业、农业、水利等部门各负其责的工作机制。各领导小组下设办公室，安排年度计划、施工管理和检查验收，保障了工程建设的顺利推进。

（二）规范工程管理，提高工程建设质量

省及市（州）研究出台了石漠化综合治理试点工程管理办法、技术规程、建设标准、检查验收和项目监测、管理等技术标准与系列规章制度，做到工程建设管理有规可依。工程建设坚持按计划设计、按设计施工、按项目考核、按标准验收，科学编制实施方案和作业设计。工程县（市、区、特区）从严把好设计、施工、检查验收关，严格工程质量管理。在工程建设中积极推行财务报账管理、工程招标制、工程监理制、竣工验收制和审计管理，确保了项目质量。

（三）强化资金整合，多渠道融资

各工程县（市、区、特区）紧紧抓住国家在强农惠农、生态建设等方面投入稳步增加的机遇，在石漠化综合治理中央预算内专项投资的引导下，整合防护林体系建设、土地整治等多渠道资金用于岩溶地区生态保护与建设，有力促进了石漠化治理。依托集体林权制度改革的契机，各地不断探索林地流转、森林资产评估、林权抵押贷款、森林保险、金融服务等配套改革，初步建立了支持石漠化防治的公共财政制度，积极提出了相关政策，建立了相关激励机制。按照"谁治理、谁受益"的原则，积极鼓励农民合作社等各类经营主体投资生态保护与石漠化治理，广泛调动社会各类主体参与石漠化治理的积极性。

（四）注重因地制宜，促进经济发展方式转变

在加强石漠化地区林草植被生态修复的同时，各地坚持"兴林与富民"相统一、"治石与治穷"相结合的理念，注重将石漠化治理与当地特色产业发展、当地产业结构优化与脱贫致富相结合。广大科技工作者与生产一线人员积极参与石漠化治理，注重发挥科技的引领和支撑作用，加强科研成果的推广与应用，在石漠化治理中起到了巨大的作用，产生了良好的示范带动作用。各地积极探索林药、林果、林油、林下种养、有机食品与特色畜牧业等生态经济型模式，初步实现了生态与经济双赢。

三、石漠化综合治理面临的困难和问题

（一）治理难度逐步增大

石漠化治理工程按照先易后难的原则，自然条件较好、交通条件便利的地段优先实

施了治理。"十三五"实施地段属工程治理中难啃的"硬骨头",山高坡陡、基岩裸露度越来越高,缺土少水问题愈发突出,立地条件越来越差,交通不便,治理难度越来越大。同时,受全球气候变化的影响,工程区面临极端天气危害的挑战进一步加剧,干旱、暴雨、洪涝、有害生物等自然灾害及火灾对工程建设及成果巩固的潜在威胁越来越严峻。

(二)资金集中度不高

石漠化土地面积大、分布范围广,且工程建设内容多样,治理措施复杂,又是一项劳动强度大的生态工程。与石漠化防治的巨大需求相比,仅依靠中央专项投入明显不足。且生态建设各项资金渠道缺乏有效整合,资金规模总量小,难以达到最佳治理效果。

(三)单位面积及单项措施投资标准低

目前,工程区劳动力短缺现象日益明显,用工成本增加,再加之物价上涨,导致工程建设成本逐年上升。石漠化治理工程投资完全依靠中央投资,与现阶段实际治理需求有差距。单项治理措施没有充分考虑到困难立地条件下生态修复的难度,投资标准低,且缺乏与用工成本等挂钩的动态调控机制,影响到工程治理成效。

(四)工程建设的技术支撑力度不够

工程建设的技术支撑程度尚不能满足实际工程建设的需要,个别地方仍有违背自然规律的现象。随着工程建设的持续推进,石漠化区域困难立地造林、生态经济型树种、草种筛选、坡耕旱地系统整治等一些关键性技术问题仍然没有得到很好解决,将严重影响工程建设质量的提高和效益的发挥。此外,石漠化综合治理工程实施进度与质量评价指标体系没有建立,对工程实施成效缺乏及时评价手段。

四、石漠化综合治理工程治理对策

石漠化在综合治理过程中,出现了不少问题,也采取了相应对策。但我们也要认识到,治理石漠化需要一个长期的过程,需要社会各方面力量的支持与协作才能达到最佳效果。因此,石漠化治理任重而道远。

(一)多措并举、整合项目资金、提高单位治理面积的投资标准

工程措施以其投资见效快等优点而获得人们的重视。生物措施是一种长效益的方法手段,是改善生态环境最有力的措施。长、短两种效益的结合,因地制宜的合理配置,方能达到治理最佳效果。同时,应整合项目资金,延伸综合治理内容至其他民生工程领域,如:石漠化地区产业开发、职业教育、技能培训、结合"组组通",完善村组道路,生态移民等。石漠化治理越来越难,技术要求越来越高,如果因资金短缺,无法应用一些先进的治理手段,好的技术手段无形中大打折扣。建议补助标准提高,并在加大对林

草植被恢复工程、草地建设与牧业、农田基础设施、水利水保配套工程等方面建设的投入标准与投入力度，从而提高治理效果和加快治理进度，尽快实现经济效益和社会效益。

（二）改进石漠化综合治理手段、完善生态补偿机制

石漠化综合治理是利用一定基础理论，采取一定的技术手段对小流域进行的治理，通过探求水土流失的规律，达到对以前理论进行补充或修正的目的。石漠化困难地造林、生态经济型树种、草种筛选、坡耕旱地系统整治等一定要结合科研成果技术，严格执行技术规范标准，否则，将严重影响工程建设质量的提高和效益的发挥。在综合治理过程中，农林牧等土地利用结构需经多部门统筹规划、合理调整，完善生态补偿机制，石漠化综合治理效益才能得以最佳体现。

（三）增强环境保护意识，加快石漠化监测体系建设

环境保护意识的建立，除在平时的基本宣传之外，还要加强灾害调查，通过对重大自然灾害的调查对比，使人们很容易理解小流域水土保持综合治理的成效，使人们能亲身感受流域治理前后的效果，再通过环境保护意识的稍加宣传，即可达到最大的宣传效果。项目建成后，认真开展效益评价，科学分析和评价工程实施效果，测算项目后续管理维护所需经费，整合资金，保障投入，并积极争取后续产业项目支撑，保证项目正常运行。

第三节　小流域综合治理监测

贵州省岩溶出露面积占全省总面积的61.92%，是全国石漠化面积最大、等级最齐、程度最深、危害最重的省份。从2008年以来，我省正式启动石漠化综合治理专项，78个石漠化综合治理县（市、区、特区）完成岩溶土地治理面积12190.69km^2，石漠化治理面积6358.97km^2。

为科学评价石漠化综合治理工程成效，分析我省石漠化区域治理前后动态变化趋势，贵州省制定了《贵州省岩溶地区石漠化综合治理工程监测实施方案》，根据已确定的监测范围，对盘县啸天龙小流域等27条小流域开展了石漠化综合治理成效监测。

一、监测范围

根据《岩溶地区石漠化综合治理规划大纲（2006—2015年）》，岩溶地区石漠化综合治理工程共划分为八个治理大区，其中贵州省涉及五个大区，分别是岩溶断陷盆地石漠化综合治理区、岩溶高原石漠化综合治理区、岩溶峡谷石漠化综合治理区、峰丛洼地石漠化综合治理区和岩溶槽谷石漠化综合治理区。监测根据各区面积大小，在岩溶断陷

盆地石漠化综合治理区选择了 1 条小流域、岩溶高原石漠化综合治理区选择了 11 条小流域、岩溶峡谷石漠化综合治理区选择了 5 条小流域、峰丛洼地石漠化综合治理区选择了 4 条小流域和岩溶槽谷石漠化综合治理区选择了 6 条小流域，共涉及 27 个县（市、区、特区）、27 条小流域，监测总面积为 97960.91hm^2。

二、监测指标及方法

（一）监测指标

根据国家林业局林沙发〔2009〕172 号文件发布的《岩溶地区石漠化综合治理工程效益评价指标框架》，明确了我省石漠化监测评价指标体系，面上监测共有指标 31 个，重点小流域监测共有指标 45 个，监测评价内容涉及工程状况、林草植被状况、石漠化状况、耕地状况、水土流失、环境灾害、社会经济等方面。包括有林地面积、森林覆盖率和蓄积，草地面积和产草量，草地植被盖度，植被种类变化，生物多样性指数，植物固碳量，石漠化土地面积和程度，石漠化土地治理面积，有水土流失状况、土壤 pH 值及有机质等土壤化学指标、耕地等级（旱地）、粮食单产、水土流失面积、土壤侵蚀量、环境治理状况、地质灾害等生态指标；新增林果产品产量，新增薪柴数量、农民人均纯收入、人均耕地面积、新增有效灌溉面积、新增坡改梯面积、新增小型水利水保工程、修沼气池、节能灶、太阳能、小水电的农户数量和比例、农民就业率、农村公路通车里程、人均居住面积、人均文化设施及人均受教育年限等社会经济效益评价指。

（二）监测方法

根据指标特性，主要对监测样地进行复位定点监测，主要是对各小流域的变化情况进行监测，采取调查监测、定位观测和遥感监测等三种方法。

1. 调查监测

①根据《贵州省石漠化综合治理工程效益监测（林业部分）实施细则》通过小班区划、小班因子记载、固定样地调查、碳储量调查等。

②根据实地区划调查获取重点监测小流域内水土流失面积数据，按照《土壤侵蚀分级分类标准》分类统计水土流失面积。

③耕地质量调查（旱地），根据耕地等级按照《农用地分等规程》（TD/T 1004—2003）及《中国耕地质量等级调查与评定（贵州卷）》，采用野外调查和室内试验相结合的方法获取土壤 pH 值及有机质、全氮、碱解氮、有效磷、速效钾含量及 CEC 等监测指标。

④环境和灾害，大气、酸雨等污染次数监测数据主要来源于重点小流域所在县（市、区、特区）环保部门监测数据。滑坡、崩塌、泥石流发生次数监测指标主要通过现场调查和农户访问的方法获取监测数据。滑坡调查主要内容包括滑坡区调查、滑坡危害调查

及滑坡防治情况及滑坡次数调查。崩塌调查包括已有崩塌堆积体及崩塌次数调查。泥石流调查主要内容包括泥石流危害性、泥石流防治情况及泥石流发生次数等。

⑤社会经济调查，在重点监测小流域内通过实地调查和资料收集、典型农户调查等方法，主要开展农民人均纯收入、人均耕地面积、新增有效灌溉面积、新增坡改梯面积、新增小型水利水保工程、建沼气池、节能灶、太阳能、小水电的农户数量和比例、农民就业率、农村公路通车里程、人均居住面积、人均文化设施、人均受教育年限等。

2. 定位观测

通过观测重点监测小流域设置的不同土地利用方式的坡面径流小区泥沙和径流数据及流域出口的卡口站泥沙、水位数据。再根据获取的泥沙及径流数据，计算该小流域内不同地类土壤侵蚀量，进而统计整个项目区土壤侵蚀量。坡面径流小区观测主要包括浑水采样、样品处理和分析计算三个方面。

3. 遥感监测

在监测小流域以景幅为单元，按影像色调、影像形状、大小、影像纹理、影像图形、影像阴影选取3~5条踏查线路进行踏查，建立岩石、植被、河流、旱地、湿地、裸土、农田、建筑物、道路等的判读标志集，然后进行人机解译。最后，建立判读结果数据库，进行判读水土流失状况和石漠化状况结果分析，将判读结果与野外调查结果结合，综合得到监测石漠化和水土流失监测数据。

三、监测结果与分析

通过对27条监测小流域3年监测，共调查小班16637个，共设样地488个，监测总面积为97960.91hm^2。布设土壤样地87个，采集化验土壤样品609个、开展社会经济调查，访问农户229人、对全省7个重点监测小流域水土流失定位观测点每季度进行数据收集、统计和监测设施、设备进行运行维护，共涉及径流小区32个、坡面径流场7个、卡口站2座、简易气象观测场7座；建立水土流失遥感解译标识、调查环境灾害、样地调查、遥感建标、判读区划，碳汇及生物多样性调查等。27条监测小流域石漠化土地利用情况，石漠化土地面积及程度、水土流失状况、林地面积、森林覆盖率和蓄积，草地面积和产草量，草地植被盖度，植被种类，生物多样性指数，植物固碳量，林果产品产量，薪柴数量及社会经济状况等指标都发生了变化。

（一）石漠化面积变小，石漠化变化呈正向演替，初显成效

27条监测小流域总面积97960.91hm^2，从土地利用类型看，非林业用地从2013年的44935.63hm^{2}变成44278.96hm^2，面积减少了656.67hm^2；林业用地从2013年的53025.28hm^{2}变成53681.95hm^2，面积增加了656.67hm^2。石漠化面积从2013年的14195.56hm^{2}减少到2015年的13969.35hm^2，面积减少了226.21hm^2，其中，轻度石漠

化面积从 2013 年的 6598.05hm² 减少到 2015 年的 8806.13hm²，面积增加了 2208.08hm²；中度石漠化面积从 2013 年的 2470.67hm² 减少到 2015 年的 4133.18hm²，面积增加了 1662.51hm²；重度石漠化面积从 2013 年的 4518.83hm² 减少到 2015 年的 824.42hm²，面积减少了 3694.41hm²；极重度石漠化面积从 2013 年的 608.02hm² 减少到 2015 年的 205.63hm²，面积减少了 402.39hm²。潜在石漠化面积从 2013 年的 21381.85hm² 增加到 2015 年的 22206.97hm²，面积增加了 825.12hm²。非石漠化面积从 2013 年的 62383.49hm² 增加到 2015 年的 59085.25hm²，面积减少了 3298.25hm²。各监测小流域岩溶区石漠化面积呈现变小趋势，石漠化向潜在石漠化变化；极重度石漠化向重度石漠化、中度石漠化变化；重度石漠化向中度石漠化、轻度石漠化变化；中度石漠化向轻度石漠化、潜在石漠化变化；轻度石漠化向潜在石漠化变化；石漠化治理初显成效，各监测小流域呈正向演替。

（二）小流域林地面积、森林覆盖率、及绿化率呈上升趋势

林业用地从 2013 年的 53025.28hm² 变成 53681.95hm²，面积增加了 656.67hm²。其中有林地从 26170.31hm² 变成 26208.41hm²，面积增加了 38.11hm²；疏林地从 131.64hm² 变成 124.60hm²，面积减少了 7.04hm²；灌木林地从 22220.88hm² 变成 22172.42hm²，面积减少了 48.46hm²；未成林造林地从 1552.54hm² 变成 2193.26hm²，面积增加了 640.72hm²；无立木林地从 2825.31hm² 变成 830.22hm²，面积增加了 4.92hm²；宜林地从 2123.52hm² 变成 2151.95hm²，面积增加了 28.43hm²。森林覆盖率从 2013 年的 44.35% 变成 46.07%，森林覆盖率增加了 1.71%。林木绿化率从 2013 年的 46.53% 变成 9.42%，林木绿化率增加了 2.89%。

以上可以看出，随着石漠化工程的实施，各种地类发生了变化，有林地、未成林造林地、无立木林地、宜林地面积都有所增加；森林覆盖率、林木绿化率百分比也有所增加；疏林地、灌木林地、非林业用地面积减少。有林地、未成林造林地面积增加是小流域综合治理成效的体现，无立木林地、宜林地面积的增加是由于部分工程实施因多种原因造成。

（三）经济林、薪材、草地面积、产量动态变化分析

2013 年 27 条石漠化综合治理监测小流域经济林面积 1961.36hm²，总产量 2795258kg；2014 年经济林面积 2087.08hm²，总产量 3574804kg；2015 年经济林面积 2594.59hm²，总产量 5715285kg。监测小流域经济林无论是面积和产量都有所增加，有新增的经济林。产量与 2013 年比较不同树种之间有增有减，主要原因是经济果品树种既有大小年，又有不同的产期。即有的流域果品林刚好进入初产期，有的进入盛产期，有的进入衰产期。即使处于同一产期，其产量也有大小年之分，所以造成产量有增有减。

2013 年薪材总面积 4534.24hm²，总产量为 51118322kg；2014 年薪材总面积 4813.89hm²，总产量为 58218106kg；2015 年薪材总面积 5130.63hm²，总产量为

47502034kg。从薪柴组成看，乔木树种主要有华山松、杉木、桉树、云南松、马尾松、硬阔类、软阔类、针阔混、阔叶混、枫香、栎类、刺槐、柏木等树种组成，华山松、硬阔类、针阔混面积没有变化，杉木面积 2014 年比 2013 年增加了 0.33hm^2，2015 年比 2014 年增加了 3.49hm^2；桉树面积 2015 年比 2014 年减少了 0.44hm^2；软阔类面积 2015 年比 2014 年增加了 35.51hm^2；阔叶混面积 2014 年比 2013 年减少了 0.33hm^2，2015 年比 2014 年减少了 0.49hm^2；枫香面积 2015 年比 2014 年减少了 2.79hm^2；枫香面积 2015 年比 2014 年增加了 8.57hm^2。灌木树种主要有软阔类、火棘、白花刺、杂灌、悬钩子、荚蒾等树种组成，薪柴面积和产量有增有减，这与各小流域的生产经营活动密切相关。有的树种在不同调查年度出现，主要是因为老百姓日常生活所需，砍伐后新更新长出，如栎灌 2013 年面积 285.99hm^2，薪柴产量 832809kg，2014 年没有数据，2015 年栎灌 160.42hm^2，产量 275362.65kg。

2013 年草地面积 249.85hm^2，产草量 1177057kg；2014 年草地面积 849.85hm^2，产草量 61060379kg；2015 年草地面积 607.72hm^2，产草量 61060379kg。其中，天然草地主要以禾本草和三叶草变化为主，2013~2015 年天然草地面积没有发生变化，为 73.43hm^2，2013 年产草量 954590kg，2014 年产草量 807730kg，2015 年产草量 713895kg，2014 年比 2013 年产草量减少了 146860kg，2015 年比 2014 年产草量减少了 93835kg。人工草地主要以黑麦草、皇竹草为主，2013 年人工草地面积 176.42hm^2，2014 年天然草地面积 776.42hm^2，2015 年人工草地面积 534.29hm^2，2014 年比 2013 年人工草地面积增加了 600hm^2，2015 年比 2014 年人工草地面积减少了 242.13hm^2。2013 年产草量 222467kg，2014 年产草量 60252649kg，2015 年产草量 35929315kg，2014 年比 2013 年产草量减少了 60030182kg，2015 年比 2014 年产草量减少了 24323335kg。

2014 年、2015 年草地面积都有所变化，主要是因为管理水平、干扰程度和气候因素等因素的影响。根据调查分析，2015 年草地面积比 2013 年、2014 年增加是因为流域内有其他工程实施。从草种上看，黑麦草单位面积产草量 2014 年比 2013 年增加了 2kg，2015 年比 2014 年增加了 2kg；皇竹草单位面积产草量 2014 年比 2013 年减少了 3.3kg，2015 年比 2014 年减少了 202.4kg；禾本草单位面积产草量 2014 年比 2013 年减少了 2000kg，2015 年比 2014 年减少了 1278kg；"白三叶＋紫花苜蓿＋鸭茅＋黑麦草"单位面积产草量没有变化；三叶草单位面积产草量 2014 年比 2013 年增加了 3016kg，2015 年比 2014 年减少了 3017kg；牧草单位面积产草量 2014 年比 2013 年增加了 186kg，2015 年比 2014 年减少了 946kg。除草地面积引起草产量发生变化外，草种的不同对产量也有所变化，黑麦草、"白三叶＋紫花苜蓿＋鸭茅＋黑麦草"变化不大，皇竹草、牧草、禾本草和三叶草变化较大。根据调查分析，主要是因为管理水平、干扰程度和调查的时间等因素的影响，每个种产草量旺季时间不同，调查时间不一致，测量出的产量不同；有的流域因落实到户，管护到位，所以变化不大，而有的流域基本无人管理，人畜干扰较大，造成草地面积减少，产量下降。此外，每年的气候因素也是决定产草量变化的主要因素之一。

（四）生物多样性指数、植物固碳量变化分析

物种多样性能够表征生物群落和生态系统的结构复杂性，体现群落的结构类型、组织水平、发展阶段、稳定程度和生境差异，具有重要的生态学意义。在对各条监测流域群落或物种多样性进行研究时，一般从种的丰富度、种的均匀度和种的总多样性（优势度多样性）3个角度出发，综合分析比较物种的多样性及其影响因素。Simpson指数和Shannon指数是反应各条流域群落物种组成的丰富度和均匀度。通过488个样地的监测，2013年27条石漠化综合治理监测小流域Simpson指数平均值为0.4003，95%置信区间平均值为0.1822~0.6183。Shannon指数平均值为0.7153，95%置信区间平均值为0.3896~1.041。2015年27条石漠化综合治理监测小流域Simpson指数平均值为0.4806，95%置信区间平均值为0.2827~0.6785。Shannon指数平均值为0.8661，95%置信区间平均值为0.5510~1.1811。Simpson指数平均值增加了0.0803，Shannon指数平均值增加了0.1508。两种指数在监测中都有所增减，有的丰富度和均匀度正向变化，物种多样性更加丰富；有的逆向变化，物种多样性相对减少。综合反映出各监测小流域群落内的种群组成影响群落的生态优势度，群落生态优势度与群落内植物种群数呈负相关，群落内种群越丰富，群落生态优势度就越小，反之越大。

2013年植物固碳量35533.44t，2014年碳储量796700.95t，2015年植物固碳量1133807.89t；2015年比2013年碳储量多1098274.45t，其中乔木层碳储量增加了676503.88t，灌木层碳储量增加了335332.07t，草本层碳储量增加了1009.03t，及枯落物层碳储量增加了5429.46t。分析原因，主要由于随着林分的生长，乔木树种郁闭度增大，阻止林下灌木层、草本层的生长，造成了灌木层、草本层碳储量减少。

（五）水土流失、土壤侵蚀量动态变化分析

通过野外核查与遥感判读，27条小流域部分地类发生了变化，从地类转移矩阵综合来看，旱地转变成建设用地和园地的居多；部分水田又转变成旱地；灌木林地变成有林地，荒草地变成灌木林地；旱地撂荒变成荒草地。

2013~2015年这3年间，27条小流域水土流失各个等级变化程度较小，基本都呈现降低的趋势。水土流失面积由2013年的61428.73hm^{2}降到2015年的59972.47hm^2，降低1456.26hm^2，降低2.37%。轻度侵蚀面积由2013年的9079.07hm^{2}到2015年的8945.63hm^2，占土地面积的比例降低了0.14%；中度侵蚀面积由2013年的29854.49hm^{2}到2015年的29315.45hm^2，占土地面积的比例降低了0.55%；强烈侵蚀面积由2013年的11119.40hm^{2}到2015年的10625.49hm^2，占土地面积的比例降低了0.50%；极强烈侵蚀面

积由 2013 年的 9914.70hm² 到 2015 年的 9532.56hm²，占土地面积的比例降低了 0.39%；剧烈侵蚀面积由 2013 年的 1461.07hm² 到 2015 年的 1553.33hm²，占土地面积的比例增加了 0.09%。

通过对各监测站点监测情况综合分析，坡耕地土壤侵蚀模数最大，防护林最小，土壤侵蚀模数的排序为：防护林（181.02）<经济（果）林（238.30）<封山育林（262.37）<人工草地（326.42）<荒草地（332.12）<坡耕地（354.36），上述数据单位为 t/(km²·a)。

根据石漠化治理措施设计和实施的情况，经济（果）林和人工种草实施在坡耕地上，防护林一般实施在荒草地上。对于各措施纵向年际间变化情况来看，各措施年际变化主要受降雨影响较大，2013 年和 2015 年年降雨量及暴雨次数明显大于 2014 年，导致所对应年份径流量较大，从而导致土壤侵蚀模数稍大于 2014 年。对于各措施横向地类间变化情况来看，基本反映了采取治理措施对土壤侵蚀的重大影响。从 3 年监测结果来看：坡耕地平均土壤侵蚀模数是经济（果）林的 1.49 倍，是人工草地的 1.09 倍，荒草地土壤侵蚀模数是其 1.83 倍。结果表明，在坡耕地及荒地上实施人工林草（包括防护林、经果林及人工种草）可有效降低坡耕地土壤流失。

根据监测区域内人工造林建设情况统计，项目区共实施经济（果）林 2594.59hm²，防护林 4568.05hm²，实施人工种草 572.48hm²。其中，经济（果）林监测期 3 年间减少土壤侵蚀量 0.90 万 t，防护林减少 2.07 万 t，人工种草减少 0.05 万 t，共减少 3.02 万 t。通过实施经济（果）林措施，提高植被覆盖度，有效降低降雨对地面的击溅侵蚀，同时，植物根系固土作用不断提高，降低对地表径流的侵蚀，从而综合作用下，降低了坡耕地的土壤侵蚀模数，减少水土流失。同样，防护林和人工种草也主要是通过提高植被盖度来降低土壤侵蚀模数。

（六）耕地质量、粮食单产动态变化分析

磷：磷是农业上仅次于氮的一个重要土壤养分。土壤中大部分磷都是无机状态（50%~70%），只有 30%~50% 是以有机磷形态存在的。从此次监测结果来看，实施人工林地块普遍缺磷，但随着林地的逐渐成林，人工林地的磷含量呈上升趋势。

钾：土壤中钾全部以无机形态存在，而且其数量远远高于氮磷。从此次监测结果来看，监测区耕地土壤钾含量高于全国平均水平，同时呈上升趋势。

对于有机质含量，2015 年防护林、封山育林、经济林有机质平均含量均高于 2014 年，由于作物和秸秆收获带走大部分有机质外，当地传统的农业管理模式导致有机质含量相对偏低。阳离子交换量（CEC）可作为评价土壤保肥能力的指标。是土壤缓冲性能的主要来源，是改良土壤和合理施肥的重要依据。相比 2014 年，2015 年防护林和封山育林的 CEC 呈增加趋势，平均增幅 11.62%。间接说明这两种地类钙、镁、钾、钠离子含量有所增加，促使土壤肥力变好，这与植被生长有很大的关系。但经济林、坡耕地、坡改

梯、人工草地等长期受人为干扰较大的地类而言，CEC含量均呈现减少的趋势，平均降幅为15.09%，特别是坡耕地降幅最大为22.13%，长期的肥力供应不足和落后的田间管理方式导致土壤肥力出现退化降低。

调查的27条石漠化综合治理小流域主要粮食作物为水稻、玉米、土豆、小麦和红薯，部分地区种植高粱。根据调查结果，2013年水稻平均单产为500kg/亩，玉米平均单产266kg/亩，土豆平均单产214kg/亩，小麦平均单产450kg/亩，高粱平均单产136kg/亩；2014年水稻平均单产为383kg/亩，玉米平均单产310kg/亩，土豆平均单产526kg/亩，小麦平均单产244kg/亩，红薯平均单产825kg/亩，高粱平均单产350kg/亩；2015年水稻平均单产为410kg/亩，玉米平均单产342kg/亩，土豆平均单产705kg/亩，小麦平均单产266kg/亩，红薯平均单产877kg/亩。

从粮食单产变化情况来看，2013~2015年监测区域27条小流域内主要粮食单产总体上呈增加趋势，但水稻、小麦单产量呈现降低趋势。增幅最大是土豆单产量，增幅为228.91%，最低的为红薯，为6.32%。由于降雨、田间管理等因素，2014年水稻、小麦平均单产量相比2013年有所降低，但2015年有所回升。由于水田面积相比旱地较小，因此，旱地作物是监测区的主要粮食作物，由于治理工程实施的田间便道、蓄水池等措施，方便农民耕作同时，也为旱地作物生长期农药喷雾提供了水源保障，进而也提供了粮食单产量，导致玉米、土豆、红薯、高粱等旱作作物的产量相比2013和2014年有所增加。

（七）地质灾害发生次数动态变化分析

根据监测结果，自2013~2015年27条监测小流域共发生地质灾害事件8次，其中2013年2次，2014年5次，2015年1次。共计造成人员死亡1人，危害居住安全群众49户，500多群众出行受阻，损坏桥梁2座，水渠89m，85亩植被被埋、56亩农作物被埋。突发地质灾害事件发生后，各地政府均采取了积极的救灾措施，将损失降低到最低限度，同时，对于存在地质灾害隐患的地点，也加强了严密的监控措施。

（八）社会经济状况动态变化分析

1. 农民人均纯收入变化

根据2013~2015年农户访问调查统计情况，调查户收入来源主要包括家庭经营性收入和工资性收入，其中家庭经营性收入主要为家庭经营农业、林果业、畜牧养殖业收入，而工资性收入主要指农民通过打工赚取的收入。对27条小流域内以农业为基础产业的农户（主要以石漠化治理工程措施涉及农户为主共186户849人）和以打工为主的农户（共44户196人）进行调查，有31.80%来源于家庭经营性收入，人均为3732.01元/人，有68.20%来源于工资性收入，人均达到了8169.41元/人。以农业发展为主的农户家庭收入中平均有38.68%来源家庭经营性收入，平均有61.32%来源于工资性收入；以打工为主的农户中平均仅有 8.45% 来源家庭经营性收入，平均有 91.55% 来源于工资性收入。2015 年农民人均纯收入相比 2013 年增加 11.50%，人均生产投入相比增加 229.75%，而人均生活支出相比 2013 年增加 185.78%。

从目前对比分析来看，以打工为主的家庭收入是以农业生产为主家庭收入的 1.18 倍。在调查流域中，由于目前大部分石漠化治理措施尚未发挥经济效益，特别是经果林产业还未发挥效益，导致农户家庭经营性收入偏低。国家投入的农业扶贫、石漠化治理工程等工程的实施，对当地产业结构调整有一定的促进作用，部分特色农产业逐步发挥效益，促进了农民收入的增加，但大多数工程效益还未凸显，对农户收入的总体影响不明显。

2. 农民人均耕地变化

根据 27 条小流域调查结果，2015 年人均耕地面积 1.46 亩/人，相比 2013 年降低了 6.00%。从整个监测流域来看，随着各项土地整治、坡改梯等工程的投入建设，致使耕地面积增加，但随着部分年轻人外出打工，一部分耕地实施退耕还林等，地类发生变化，导致耕地面积约有减少。

3. 节能设施、小水电农户数据和比例变化

根据 2013~2015 年的调查数据，修沼气池、节能灶、太阳能、小水电的农户数量累计达到了 9541 户，监测流域总户数达到了 54869 户，沼气池、节能灶、太阳能、小水电的农户数量占总户数比例累计达到了 17.39%。其中，2013 年修沼气池、节能灶、太阳能、小水电的农户数量为 5833 户，占总户数比例达到 10.63%。2014 年年修沼气池、节能灶、太阳能、小水电的农户数量累计为 8478 户，占总户数比例累计达到 15.45%。2015 年年修沼气池、节能灶、太阳能、小水电的农户数量累计为 9541 户，占总户数比例累计达到 17.39%。太阳能的新增普及程度相对较高，除少部分农户自身购买设施外，大多来源于政府财政支持的农村能源建设等项目。

4. 农民就业率和农村公路通车里程变化

根据监测对比结果，27 条流域 2013~2015 年农民就业率为：2013 年农民就业率平均为 60.61%。2014 年平均为 68.10%，相比 2013 年提高了 7.49%。2015 年平均为 68.52%，相比 2013 年提高了 7.91%。

27 条流域内 2013~2015 年累计增加农村公路通车里程为 680.05km，其中 2013 年有 467.89km，2014 年新增农村公路通车里程为 141.70km，相比 2013 年增加了 30.28%，2015 年新增农村公路通车里程为 70.46km，相比 2013 年增加了 15.06%。新增农村公路通车里程中源于石漠化综合治理项目的有 30.93km，占新增公路里程的 4.55%，一事一议项目有 94.23km，占 13.86%，其他项目（烟水配套、美丽乡村小康路等工程）有 554.89km，占 81.60%。根据调查，项目监测区内正在积极推进"组组通"通村千米建设，一事一议等财政项目成为主要的农村公路建设项目。

第五章　贵州岩溶石漠化治理与模式

石漠化综合治理主要实施林草植被为主的生态恢复与重建，而最关键的技术措施就是造林树种的选择，树种选择正确与否决定着石漠化治理的成败。造林树种选择坚持适地适树的原则，尽量选择耐干旱、瘠薄，易成活，生长迅速和较强的萌芽更新能力的乡土树种，为满足物种的多样性，采用乔灌草相结合的方式种植，同时，实现生态效益和经济效益兼顾。

不同的造林树种，适宜不同的立地条件，需要对不同的立地条件进行分类。岩溶地区有特殊的地质环境，因而其立地分类系统具有特殊性。立地分类根据岩溶地貌、水热条件、碳酸盐岩、地形坡度、土壤、植被等连续性因子划分不同的立地类型。

在不同的立地条件下，选择不同适宜的造林树种进行配置种植，辅以适当的造林方式方法和技术措施，形成典型的造林模式在全省各市州加以推广，可提高造林的成活率和林草植被盖度，进而促进石漠化治理的成效。通过对岩溶地区十年来石漠化综合治理工程治理模式整理、归纳，评价治理模式的成效，总结出典型的治理模式，给将来石漠化综合治理工程提供参考。

第一节　石漠化土地立地分区

一、分区的主要原则

为搞好石漠化的综合治理，须对贵州石漠化土地进行立地分区，以利于多学科相结合的综合治理，使石漠化地区的生态早日得到恢复和改善。全省已完成的78个县的石漠化防治规划、全省石漠化空间解译及等级划分成果，为石漠立地分区提供依据和基础。立地分区是根据自然属性的相似性和分异性，划分或组合成不同等级的立地单元，根据贵州石漠化行政区，土地分布特点，地带性气候、岩溶地貌，森林植被、石漠化成因等分布进行区划。区划原则有以下几点。

①综合分析与主导因素分析相结合原则。
②石漠化现状与防治方向的相对一致性原则。
③石漠化防治与社会经济发展相结合的原则。
④保持县级行政区完整性原则。
⑤空间地域相对连续性与完整性原则。

根据上述分区原则以及贵州省实际情况，石漠化综合防治分区主要以岩溶地貌分布、石漠化等级、人地关系紧张度和防治方向、生态产业发展方向为划分依据，具体内容如下。

①岩溶空间分布特点：根据岩溶的分布状况，有助于控制石漠化防治的方向，确定石漠化的防治重点，合理布局石漠化防治工程措施。

②石漠化等级：根据各地石漠化所处演化阶段的不同，将石漠化划分为不同的强度等级。很明显，不同石漠化等级强度条件下的防治方向会有所不同，所采取的综合防治工程也会不同。

③人地矛盾类型：石漠化的形成和演化是岩溶地区人地矛盾激化的集中表现形式，防治石漠化的技术关键在于解决或缓和人地矛盾。因此，人地矛盾也应成为防治区划分区的重要依据。

④防治方向与主要措施：岩溶石漠化的防治最后必须落实到一系列的工程措施上，以解决人地矛盾为核心的石漠化综合防治。贵州省石漠化综合防治措施主要有：生态修复，岩溶水资源开发利用，水利水保与基本农田建设，农村能源建设，生态移民等。

⑤自然环境与生态产业发展导向：石漠化防治的根本目的在于遏制和改善石漠化地区日益恶化的生态环境，增强区域的可持续发展能力，使社会经济良性发展，农民稳定增收。地形、地貌、气候、土壤、水文、岩性等自然环境及其他农业发展条件是石漠化演化、发展的重要影响因素，同时也是石漠化防治措施选择的重要依据，应将生态产业发展条件的相似性作为防治区划分的重要依据。

二、石漠化土地分区

根据国家《岩溶地区石漠化综合治理规划大纲》（2006—2015年）要求，按照上述分区原则，考虑碳酸盐岩的类型、岩性组合特征对岩溶地貌塑造的影响，以及不同岩溶地貌对区域环境和水土资源的制约、石漠化在不同地貌条件下的形成、发育的特征等因素，结合贵州省岩溶地区石漠化综合治理区域，全省共划分3个区、18个小区（其中2个非喀斯特小区）。

在全省各种等级石漠化中，极强度石漠化比重最大的是在Ⅰ区，其次是Ⅱ区；强度、中度、轻度潜在和无石漠化比重最大的都是在Ⅱ区；Ⅲ区的非喀斯特比重是最大的，详见表5-1。

Ⅰ 黔西高原山地喀斯特石漠化综合治理区

该治理小区位于贵州西部，西、北接云南，南与广西相邻，东连黔中腹地。主要包括几乎整个六盘水市，毕节地区的北部、西部和南部，安顺市的西部，黔西南自治州的北部、西部和中部，面积约44078.99km^2，占全省总面积的25.00%。总人口1336.13万人，人口密度约为303人/km^2。碳酸盐岩广布，喀斯特发育，历史上大量的毁林开荒，陡坡垦殖等，石漠化严重。轻度以上石漠化面积901349.31hm^2，占全区面积的20.45%，占喀斯特面积的28.19%。

表 5-1　贵州省石漠化立地分区表（单位：hm²）

区	小区	调查单位	合计	小计	轻度石漠化	中度石漠化	重度石漠化	极重度石漠化	潜在石漠化	非石漠化
3个	18个	89个	11247200.3	2470132.1	934210.67	1254119.61	256421.14	25380.68	3638546.68	5138521.52
I 黔西高原山地喀斯特石漠化综合治理区	I₁ 威宁—赫章轻度—中度石漠化治理小区	威宁、赫章	614066.92	96803.38	71104.04	24215.49	1480.84	3.01	133439.17	383824.37
	I₂ 七星关—大方—纳雍中度—轻度石漠化治理小区	七星关、大方、纳雍	832740.07	231966.66	40830.82	154317.28	34426.54	2392.02	231796.71	368976.7
	I₃ 水城—钟山—六枝中度—强度石漠化治理小区	水城、钟山、六枝	512614.11	155241.82	60156.59	61280.86	25802.2	8002.17	118668.93	238703.36
	I₄ 盘县—普安中度—轻度石漠化治理小区	盘县、普安	397588.46	104533.84	49993.08	42604.04	10498.22	1438.5	119515.12	173539.5
	I₅ 晴隆—关岭—贞丰中度—强度石漠化治理小区	晴隆、关岭、贞丰、兴仁	467067.63	177767.85	45935.14	108001.5	23026.97	804.24	83751	205548.78
	I₆ 兴义—安龙强度—中度石漠化治理小区	兴义、安龙、册亨	373556.61	135035.76	14155.42	82666.47	32687.85	5526.02	140379.61	98141.24

续表

区	小区	调查单位	合计	石漠化 小计	轻度石漠化	中度石漠化	重度石漠化	极重度石漠化	潜在石漠化	非石漠化
II 黔中丘原山地喀斯特石漠化综合防治区	II₁ 遵义—金沙—仁怀—轻度—潜在石漠化防治小区	习水、桐梓、仁怀、红花岗、汇川、播州、金沙	1214130.34	143862.86	53952.71	82382.18	7361.41	166.56	336155.27	734112.21
	II₂ 道真—凤冈—余庆潜在—轻度石漠化防治小区	道真、正安、绥阳、凤冈、湄潭、余庆	954248.71	132845.53	53761.59	68546.67	10448.44	88.83	428376.11	393027.07
	II₃ 务川—沿河—思南中度—中度石漠化防治小区	务川、沿河、德江、思南	756900.32	142892.43	53337.29	77000.06	12085.98	469.1	252347.13	361660.76
	II₄ 赤水非喀斯特小区	赤水	0	0	0	0	0	0	0	0
	II₅ 黔西—织金—清镇中度—轻度石漠化防治小区	黔西、织金、清镇	587298.56	173671.33	42746.12	114054.36	15465.9	1404.95	190506.5	223120.73
	II₆ 贵阳轻度—潜在石漠化防治小区	开阳、修文、息烽、乌当、花溪、白云、云岩、南明、观山湖	587621.86	113198.34	57622.99	53519.71	1947.32	108.32	208719.33	265704.19
	II₇ 瓮安—贵定—麻江轻度—中度石漠化防治小区	瓮安、黄平、凯里、福泉、麻江、贵定、龙里	902616.4	142892	68650.33	70971.53	3098.81	171.33	386329.84	373394.56
	II₈ 普定—平坝—长顺强度—中度石漠化治理小区（含贵安）	普定、平坝、镇宁、西秀、贵安新区、长顺、紫云、罗甸、望谟	1084158.44	316514.32	116126.39	148740.78	47931.15	3716	294212.11	473432.01
	II₉ 惠水—平塘—荔波中度—轻度石漠化治理小区	惠水、平塘、独山、荔波	738843.46	166717.79	69942.76	71450.78	24418.2	906.05	278345.76	293779.91
	II₁₀ 都匀—丹寨—三都轻度—潜在石漠化防治小区	都匀、丹寨、三都	356584.76	63922.61	46953.39	16630.85	293.01	45.36	52468.26	240193.89
III 黔东低山丘陵喀斯特石漠化区综合防护区	III₁ 黔东北部人口中密度—土地中承载林—农业—旅游业生态防护小区	印江、松桃、江口、万山、玉屏、石阡、岑巩、碧江、镇远、施秉	867163.65	172265.58	88942.01	77737.05	5448.3	138.22	383535.83	311362.24
	III₂ 黔东南部非喀斯特小区	三穗、天柱、台江、剑河、锦屏、雷山、黎平、从江、榕江	0	0	0	0	0	0	0	0

I_1　威宁—赫章轻度—中度石漠化治理小区

该区包括威宁、赫章两县，面积 9542.21km²。人口 239.63 万人，人口密度 251 人/km²，农民人均可支配收入 8200 元左右，仍然存在相当部分的低收入人口和贫困人口，财力相当脆弱。大部分劳动力主要从事种养业，少部分外出打工和从事采矿业。

地貌属于黔西高原中山区。由于地质构造复杂、外营力作用强烈，高原面因溯源侵蚀强烈而遭破坏，喀斯特地貌发育齐全，并与非喀斯特地貌交错发育，山脉河流走向顺应地质构造并受其严格控制，展布方向不一致，形成了复杂多变的地形地貌。气候属暖温温带凉春干夏湿气候区，四季不分明，气温日较差大，年较差小，年平均气温 10.0~13.6℃，干湿季分明，降水量年变率小，空分布不均。土壤以石灰土和黄壤为主，此外还有黄棕壤、红壤、紫色土、棕壤等类型。常见乔木灌木树种有 62 科、203 属、600 多种，最典型的植物有青杠栎、朴树、麻栎、鹅耳枥、野花椒、合欢、灯台树、山柿、女贞、十大功劳、柞木等乔灌木和藤本植物，以及扭黄茅、背黄草、菅草、荩草、芒、牛毛草、贯众、石苇、卷柏等草本植物。

I_2　毕节—大方—纳雍中度—轻度石漠化治理小区

该区包括七星关区、大方县、纳雍县，土地总面积 9367.50km²。人口 398.64 万人，人口密度 416 人/km²，远高于全省 253 人/km² 的平均水平，农民人均可支配收入 8400 元左右。人口密度高，经济总量小，人均水平低；农业基础设施相对薄弱，产业结构相对单一；工业化、城镇化水平较低，经济综合竞争力不强；扶贫攻坚任务仍然艰巨。

属侵蚀、溶蚀地貌类型的中切割中山，侵蚀溶蚀差异大，地形切割剧烈，沟壑纵横，重峦叠嶂，山高、坡陡、谷深、水低，地形极为破碎，发育峰丛山地、峰丛峡谷、峰丛沟谷、盲谷、伏流、溶洞随处可见。环境地质条件十分脆弱。阴天多，日照少，日照率约 31%；雨量较充沛，但时空分布差异较大；倒春寒等灾害性天气较为频繁。土壤类型多样，有黄棕壤、黄壤、石灰土、紫色土、水稻土、沼泽土、潮土 7 个土类 22 个亚类 50 个土属 144 个土种。植被类型众多，但原始植被已遭破坏，大多数为次生植被，属常绿阔叶针叶混交林，地域差异不明显。从分布的趋势看，从东北到西南，从河谷至高山，植被类型由季雨型的常绿阔叶林向湿性常绿阔叶针叶混交林方向转变。次生植被中有杉、松、白杨等用材林，漆、油桐、板栗、核桃、茶等经济林，桃、李、杏、樱桃、柑桔等果树。灌丛草坡分布面积广。

I_3　水城—钟山—六枝中度—强度石漠化治理小区

该区包括水城县、中山区、六枝特区，面积 5863.33km²。人口 212.31 万人，人口密度 362 人/km²，远高于全省 253 人/km² 的平均水平，农民人均可支配收入 10400 元左右。第一产业比重下降，第二产业快速增长，第三产业发展相对滞后。地方财政收入和人均收入逐渐增加，人民生活水平逐年提高，教育事业不断发展，投资力度增大，人民文化科技素质有所提高。

地貌可由山地、丘陵、谷地、盆地、台地、山原 6 类构成。以山地为主，海拔在

1450~2900m 之间，相对高差大，山高坡陡，切割纵深，基岩裸露面积大，土层瘠薄。冬无严寒、夏无酷暑，年平均气温 12.5~13.1℃，年日照时数为 1415~1556h，日照率 35% 左右。水资源时空分布不均衡。土壤种类主要有黄壤、黄棕壤及石灰土，植被以常绿落叶、针阔叶为主，灌木主要有岩青冈、杜鹃、杨梅、榛子、小果南烛、茶叶、马桑等，主要造林树种有云南松、马尾松、华山松、刺槐、柳杉、麻栎、杨树和漆树、杜仲、核桃、板栗、香椿、花椒等。

I$_4$ 盘州—普安中度—轻度石漠化治理小区

该区包括盘州市、普安县，土地总面积 5486.68km²。人口 161.13 万人，人口密度 294 人/km²，农民人均可支配收入 8700 元左右。第一产业以种植业和畜牧业为主；第二产业以本地农业资源为主的食品加工工业，由于政策因素，煤炭采掘业收到极大限制；第三产业主要是依托当地自然资源和生态资源发展起来运输业、汽配业、饮食娱乐业和零售业等配套行业以及依托自然景观和人文景观发展起来的旅游业。此外，其他产业如电信、中介、咨询、培训等行业也发展迅速。

地处云南高原向黔中高原过渡的斜坡部位，受南、北盘江及其支流的强烈切割，以高原山地为主体，地势西北高，东南低。中南部隆起，山峰海拔一般在 2000~2300m，东部和南部地势较低，海拔一般为 1400~1900m，境内以高原山地地貌为主体。热量丰富，雨日较多，雨热基本同季，干湿季节明显，春秋季长，冬无严寒，夏无酷暑。多年平均气温为 15.2℃，年平均降雨量 1411.7mm，气象灾害有春旱、倒春寒、冰雹、暴雨等。主要土壤类型为山地灌丛草甸土、山地黄棕壤、黄壤、石灰土、紫色土、潮土、沼泽土和水稻土。全区总的以云南植物区系为主，目前原生植被已残留不多，主要的植被类型是广泛分布在海拔 1900m 以下的针叶和常绿、落叶阔叶混交林，主要有杜鹃、杨梅、马桑等自然树种以及人工培育的树种如云南松、华山松等；海拔为 1900~2400m 的西、北部分布着面积较广的滇栲、滇黄栎、石栎以及杜鹃、山茶、红花油茶的等，在海拔 2400m 以上的高原山地带分布高山灌丛草甸带。

I$_5$ 晴隆—关岭—贞丰中度—强度石漠化治理小区

该区包括晴隆、关岭、贞丰、兴仁 4 个县，土地总面积 6084.04km²。人口 172.63 万人，人口密度 284 人/km²，农民人均可支配收入 8100 元左右。国民生产总值构成以第一产业为主，二、三产业发展相对滞后。在农村产业革命中，应加快农业产业结构调整，减小种植业比重，减少对土地的开垦。境内的烂泥沟金矿属国家特大型金矿，水银洞金矿已经投产，年产黄金约 2.5t，背斜金矿正在勘探，远景储量达 200 多吨金属，贞丰被誉为中国将在 21 世纪崛起的"金县"。

以溶蚀为主的喀斯特峰林、峰丛洼地、谷底、残丘溶原等多样化地貌，集中于区境中、北部地区，地势由西北向东南逐渐变缓，坝子增多；以侵蚀为主、剥蚀次之的低中山河谷山地，集中与区境东南部及北盘江沿岸；以剥蚀为主的中低山山原槽谷地貌，分布于区境西南龙头大山与挽澜河流域和西北部的小屯、大长田一带。气候常年温湿，无霜期长，降水充沛，相对湿度较大。但由于地形复杂、地势垂直差异大，光照、降水、热量等条件，随地势的升降变化明显：低山河谷地带，全年蒸发量大于降水量，季节性干旱问题比较突出；山原槽谷地带因海拔较高，热量稍缺；丘陵盆坝地区则介于两种气候类型之间。根据积温和降水量的差异，全区可分为温热少雨、温和多雨、温凉多雨三种主要气候类型。温热少雨类气候分布于低中山河谷山地，年均温17~20℃，年均降雨量1000~1200mm。境内土壤随海拔高度的上升而具有垂直分布的规律。海拔900m以下地带，多分布红壤；中部、西部和海拔900~1500m地段为黄壤地带；龙山山脉海拔1500m以上为山地黄棕壤。但由于受母质、地形地貌、水文条件以及人文作用等多因素的影响，非地带性土壤石灰土、紫色土、水稻土等也镶嵌于黄壤、红壤地带内。这些又为多种植物的生长，繁衍提供了良好的环境。同时，由于地质构造运动相对稳定和受冰川的影响，一些起源古老的孑遗植物仍有保存。长期以来，由于人类活动的不断干扰破坏，原生植被仅有少量残存，次生天然植被及人工植被成为主要植被。

I_6 兴义—安龙强度—中度石漠化治理小区

该区包括兴义市、安龙县、册亨县，面积773522.70km²。人口160.81万人，人口密度207人/km²，低于全省253人/km²的水平，农民人均可支配收入8850元左右。经济总量小，综合经济实力弱；农业生产环境脆弱，产业化程度低，农村劳动力文化素质不高；工业发展和基础设施建设比较滞后；文教事业对农村劳动力转移的支持力度不大。

出露的地层有石炭系、二叠系、三叠系、老第三系和第四系，主要由碳酸盐岩组成，生物化石繁多。热量好、无霜期长、雨量充沛、垂直型特征明显，具有"冬无严寒、夏无酷暑、四季如春、一雨成冬"的特点。年平均气温15~18℃，日照率32%~34%，全年总辐射为4474.4MJ/m²。土壤主要是黑色石灰土、棕色石灰土、黄色石灰土、红色石灰土4个亚类、7个土属、16个土种。由于人为的生产活动，原生植被遭受破坏后，新产生的非地带性次生植被，其分布规律因地形起伏和相对高差变化以及气候条件的迥然不同，自然植被的类型及植被种属组合，也随生态环境发生差异。海拔1000~1400m，有少量次生植被，主要是零星的人工林木及果园地。植被为阔叶林，主要树种为楸、杉、冬瓜、泡桐、苦楝、橘、梨、竹类等。海拔为650~1000m，植被以松、阔叶为多的混交林，有榕树、攀枝花、油茶及热带水果等。自然灌丛及草被以白茅、蓑草为主。

II 黔中丘原山地喀斯特石漠化综合防治区

该区位于贵州中部，北接四川、重庆，南与广西相邻，西连黔西高原，东入黔东丘陵，主要包括整个贵阳市、毕节地区的东部、安顺市除西部以外的地区，黔东南自治州的西部，黔南自治州除东南部以外的地区，面积约95749.42km²，占全省总面积的54.30%。总人口2540.82万人，人口密度约为265人/km²。轻度以上石漠化面积1396517.21hm²，占全区面积的14.59%，占喀斯特面积的19.44%。

II₁　遵义—金沙—仁怀—轻度—潜在石漠化防治小区

该区包括习水县、桐梓县、仁怀市、红花岗区、汇川区、播州区、金沙县，面积 16002.19km²。人口 513.89 万人，人口密度 321 人/km²，高于全省 253 人/km² 的水平，农民人均可支配收入 11500 元左右。经济结构进一步优化，大力发展畜牧业、无公害蔬菜、茶叶等农产品的产业化经营；区域经济结构加快调整，按照扶壮龙头产业、创建特色产业的定位，促进区域经济的结构调整和优化。经济结构调整初见成效，出现了一批新的经济增长点。但农业基础薄弱，农业产业化水平不高，科技含量低，农业基础设施条件较差，抵抗防御自然灾害的能力较弱，城乡二元结构矛盾较为突出。

境内的地质构造，属于华夏系，晚期华夏系展布全境，主要为舒缓对称连续的波伏褶皱及压轴性走向断层。全区地层以寒武系、二叠系、三叠系、侏罗系分布较广。日照时数为 1145.7h，日平均为 3.28h，年日照率 26.1%。多年平均气温为 14.6℃，多年平均降雨量为 1043.4mm，能够满足多种作物的生长发育要求的。土壤分为水稻土、潮土、黄棕壤、黄壤、石灰土、紫色土 6 个土类，潴育型、潜育型、淹育型等 15 个亚类，67 个土属，200 多个土种。分布有维管束植物 200 多科，5000 多种，构成森林的主要树种有 77 科，250 种。主要树种有马尾松、柏木、刺柏、杉树、枫香、樟树、楠树、油桐、乌桕、油茶、银杏、李树、梨树、青冈树等。

II₂　道真—凤冈—余庆潜在—轻度石漠化防治小区

该区包括道真、正安、绥阳、凤冈、湄潭、余庆 6 个县，面积 12692.54km²。人口 282.81 万人，人口密度 223 人/km²，农民人均可支配收入 10500 元左右。总体上来看，产业结构呈现了由一二三向一三二的积极转变，农村经济中各行各业的产业化建设进程缓慢，新的经济增长点的培育仍处于启动阶段，由于投入不足，收效缓慢。城镇化、工业化水平仍需加强。粮食、油菜、烤烟、生猪和林业等支柱产业继续保持稳定发展，苦丁茶、红金桔、八角等中药材等一批基地正渐成规模，并产生效益。农业经济结构较单一，以交通、邮电、商贸、金融保险、房地产业为主，而社会服务业、农村服务业、旅游业等产业所占比例较低，发展滞后。

地势切割较深，群山起伏，河流溪沟密布。在地貌规模上，从大中地貌至微地形，均有明显的溶蚀特征，即地形起伏不平，地表破碎，水系分散，地下水文系统发育。依次有连绵的峰丛地貌、陡峻的峰林及孤峰、平缓的溶蚀残丘以及分布其间的溶蚀盆地、洼地、漏斗、谷地等。几乎所有喀斯特地形都由溶沟、溶槽、溶隙、石芽及石面等组成，加重了地表的复杂性。四季较分明，无霜期长，水热资源较为丰富，水热同季。但辐射弱，日照较少，春季多冰雹，初夏多暴雨，盛夏多干旱，秋季多绵雨，春季温度回升不稳定。年平均气温在 14~16℃ 左右，平均年降雨量在 1173mm，其中大部分地区年降雨量在 1100mm 以上，立体气候特别明显，气候类型多样。黄壤是最主要的土壤类型，占总面积的 37.22%，在全区各地广为分布，是中亚热带温暖湿润气候条件下的地带性土壤，其特征是土体湿润，发生层分明，有明显的黄化层，土壤酸性大，PH 值 4.5~6.5，分布面积广，类型较多，所处地理条件较好，利用潜力较大。由于本区位于贵州高原北部边缘，其地带性植被为中亚热带湿润性常绿阔叶林，全区自然植被可划分为针叶林、阔叶林、竹林、灌丛 4 个植被型组，32 个主要群系。栽培植被分为用材林、经济林及农田植被三大类，农田植被是大面积的水田、旱地中种植的栽培植物群落。

II_3 务川—沿河—思南轻度—中度石漠化防治小区

该区包括务川、沿河、德江、思南 4 个县，面积 9568.82km²。人口 238.83 万人，人口密度 250 人/km²，农民人均可支配收入 8300 元左右。国民经济基础薄弱，农业综合生产力水平低，在长期处于封闭的自然小农经济再生产状态下，农业结构单一，层次低，规模经营差，以非农形式解决农业、农村的问题弱，土地与生态环境负荷沉重。

境内地貌上为成因类型复杂，垂直分异明显，主要有低山河谷丘陵、中山台地和中山峡谷地貌。由于构造运动强烈，冰川作用显著，溶蚀、侵蚀作用并存，形成了独特的地貌景观，山脉与河流走向顺应地质构造形迹，为一系列北北东向构造组成的褶皱和断裂，大部分两端延伸出境。在构造体系划分上属新华夏系构造，背斜成山、向斜成谷，岗岭、盆谷相间。气候温和、雨量充沛，日照较少，四季特征分明，低温或倒春寒天气年年有。年平均气温 15.5℃，年平均降雨量 1271.7mm，因海拔高差较大，立体气候特别明显。境内土壤划分为 5 个土类，13 个亚类，53 个土属，104 个土种。全区成土母质具有母岩近代风化物的残积，运积母质和坡积母质的混合类型，在局部地区还有运积母质中的冲积母质等。在不同的生物气候条件下，由于成土因素的综合作用，喀斯特地区成土过程慢、土层薄、水土流失和石漠化严重。地貌垂直分布明显，气候条件、土地肥力适宜多种植物生长繁衍，植物种类丰富，植被类型多样。

II_4 赤水非喀斯特小区

本区不属于喀斯特石漠化综合防治重点范围，不作叙述。

II_5 黔西—织金—清镇中度—轻度石漠化防治小区

该区主要黔西县、织金县、清镇市，土地总面积 6914.73km²。人口 275.62 万人，人口密度 399 人/km²，远高于 253 人/km²，农民人均可支配收入 10300 元左右。社会经济步入健康发展轨道，经济持续增长，结构逐步优化，交通、城镇、农村基础设施建设、教育、科技文化等社会事业都取得可喜成绩。交通建设上，形成了四通八达的交通网络，通车里程和道路质量明显提高。目前，正结合旅游资源的开发，大力优化投资环境。

区域出露地层以二叠系，三叠系发育最全，分布最广。出露的岩石主要有灰岩、白云岩、页岩、石英砂岩等。地处黔中山原西部，地势西北高，东南低。属喀斯特丘陵地貌类型。境内碳酸盐岩分布面积约占全区总面积的 95%，喀斯特地貌发育，溶丘、洼地、峰丛、溶斗、伏流等分布普遍。属中亚热带向北亚热带过渡的季风气候区，多年平均气温 13.89℃。全年平均日照时数 1300h 左右，年平均相对湿度 80%。年平均降水量

954.88mm。土壤类型众多，共分为 5 个土类，11 个亚类，39 个土属，127 个土种。石灰土是区内面积最大的一个土类，石灰土广泛分布于区内喀斯特地区，在东部较为集中。植被多为地带性植被破坏后次生，或由人工种植而成，为现存植被中组成树种主要为马尾松林，多分布在境内海拔 1300m 以下的砂页岩黄壤山地，人工栽培的经济林木主要有桐、漆、茶、桃、李、杏、核桃、板栗、油茶、棕榈等。以"稻麦（油）"一年两熟的水田植被及以"包麦（油）"，"燕麦（油）"一年两熟的旱地农田植被最为重要，分布最广。

II$_6$　贵阳轻度—潜在石漠化防治小区

该区包括开阳县、修文县、息烽县、乌当区、花溪区、白云区、云岩区、南明区、观山湖区，面积 6564.98km^2。人口 355.46 万人，人口密度 542 人 /km^2，远高于 253 人 /km^2，农民人均可支配收入 15100 元左右。经济发展质量全省最高，财政收入大幅增长；地方生产总值持续增加，产业结构逐步优化，呈现"二、三、一"产业结构特点；退耕还林还草工作成效继续巩固；城市建设力度加大，第三产业迅速发展；固定资产投资强劲，成为拉动经济增长的重要因素；对外开放力度加大，招商引资取得重大突破。

出露的地层岩性具有软质岩类与硬质岩类交替互层的特征，环境地质条件脆弱。发育的背斜、向斜、断层等地质构造主要以南北向为主，而河流的切割方向及水流方向和地质构造方向相一致。岩性软硬相间，差异较大，地形切割剧烈，谷深坡陡，为侵蚀、剥蚀地貌类型的中切割中山。区内气候温和、湿润，多阴雨天，显示副热带温和湿润的气候特点。冬暖夏凉、雨量充沛，区内多年平均气温为 15.3℃，极多年平均降雨量 1173.8mm，由于地形的影响，区内各地的降雨量有一定的差异，总的趋势由南向北逐步增大。土壤类型多样，共有黄壤、石灰土、紫色土、潮土和水稻土 5 个土类，10 个亚类、18 个土属和 26 个土种。原生植被以常绿栎林为主，现残存的树种多为栲槠类植物，间有枫香、响叶杨、花楸、麻栎等落叶树种。原生植被多被破坏，演替的植物群落主要有马尾松林及少量的杉木林，大量的山地变成灌丛草坡和草丛草坡。灌丛草坡主要生长白栎、茅栗、蕨、芒萁、杜鹃、小未柴、百青刚、棕茅、白茅等；草丛草坡主要生长金茅、旱茅、莎草、扭黄茅、黄背茅等植物。人工植被有用材林、经济林和农田植被 3 类。用材林主要是以马尾松、杉木、华山松为主的针叶林，多为近年来各乡（镇）、村营造经济林主要有板栗、油桐、漆树、茶、果树等。

II$_7$　瓮安—贵定—麻江轻度—中度石漠化防治小区

该区包括瓮安县、黄平县、凯里市、福泉市、麻江县、贵定县、龙里县，面积 11008.52km^2。人口 248.62 万人，人口密度 226 人 /km^2，农民人均可支配收入 9600 元左右。基础设施建设和小城镇建设步伐加快，城镇化水平不断提高。城镇水电路气基本配套，医疗卫生、教育文化、宾馆餐饮等服务设施日臻完善，城镇功能进一步加强。农作物种植历史较长，品种丰富，以稻谷、玉米为主，杂粮主要有高粱、大豆、绿豆、马铃薯等。由于经济基础薄弱，社会经济发展仍存在一些矛盾和问题：经济持续增长的基础不稳固，经济发展后劲不足；农副产品加工的龙头企业数量少，带动作用有限；相关配套产业的发展受到一定限制，就业压力大等。

境内地形复杂破碎，地貌复杂多样，以山地、丘陵为主，山地丘陵与盆地相间分布，为农业生产的发展提供了多种不同的自然条件，有利于发展立体农业和农、林、牧、副、渔的全面发展。典型的高原山地亚热带湿润季风气候，年均气温13.6℃，年均降水量在1000~1150mm之间，四季分明、温和湿润、雨量充沛。从地区来看，北部地区乌江沿岸气候温热少雨，无霜期长，日照强；南部地区，气候温凉多雨，无霜期短，多雪凝；中部浅丘地带，气候温和，无霜期长。全区有黄壤、石灰土、紫色土、潮土和水稻土等5个土类，12个亚类，37个土属，176个土种。主要树种有马尾松、杉木、杨、枫、柏木、梓木、泡桐、光皮桦、刺楸、香椿、香樟、栎类等，以及少量分布的银杏、楠木、三尖杉、红豆杉等珍稀植物，生长着天麻、杜仲、红豆杉、银杏、楠竹、香果树等珍贵树种。

II$_8$　普定—平坝—长顺强度—中度石漠化治理小区

该区包括普定县、平坝区、镇宁县、西秀区、贵安新区、长顺县、紫云县、罗甸县、望谟县，面积15351.54km^2。人口355.57万人，人口密度232人/km^2，农民人均可支配收入10100元左右。国民经济步入持续快速健康发展的轨道，形成低起点、高增长的经济发展类型。初步形成了以粮、油、烟、果、茶、药、畜等为主要产品的农村经济体系，人民生活逐年改善。科技、教育、文化、卫生、广播电视、邮政、电信等各项社会事业蓬勃发展，有力地推动了经济建设的步伐。

出露岩性有碳酸盐岩类和非碳酸盐岩类，地层走向大致与主要构造方向一致，两类岩石相间出露，形成了喀斯特地貌类型和侵蚀常态地貌类型排列组合，同时发育、互相联系、交错结合，是该区地貌发育的显著特点。低纬度、高海拔，年降雨量约1350mm，平均气温13.5~18.5℃。发育了黄壤、石灰土、紫色土、水稻土4个土类、10个亚类、44个土属、120个土种。在自然植被中有温性针叶林、暖性针叶林、暖性针阔叶混交林、落叶阔叶林、常绿落叶阔叶混交林、竹林、灌丛、灌草丛、草丛等9种类型。该区植被类型的分布主要受地形、地貌、气候、土壤、人为利用等条件的影响。海拔在1200m以上的温和黄壤土区是以华山松为主的温性针叶林和以白杨为主的落叶阔叶林。海拔1200m以下的地区是以马尾松、杉为主的暖性针叶林区，喀斯特地区多分布以香樟、枫香、白杨为主的常绿落叶混交林。草丛、灌丛和灌草丛主要分布于黄壤地区的土山上，也有少部分分布于岩山上。土被条件好的岩山主要是灌草丛，土被差的岩山主要是灌丛。南部格凸河谷还有芭蕉、黄果等南亚热带植被。

II$_9$　惠水—平塘—荔波中度—轻度石漠化治理小区

该区包括惠水、平塘、独山、荔波4个县，土地总面积10175.84km^2。人口133.52万人，人口密度131人/km^2，农民人均可支配收入9500元左右。十八大以来，社会事业取得了较大的发展，农村基础设施得到大幅提升，贫困地区的生产生活条件有了很大改善，经济社会呈现出稳步发展的良好势头。但也在着一些矛盾和问题，主要是：经济总量小，财政困难，农村贫困面还多，离国家要求奔小康发展目标还差距较远。

境内沉积岩层广布，地貌以中山、低山及山地丘陵为主，由于构造和岩性的复杂，类型多种多样，不但有大面积的石灰碳酸盐岩峰丛石山，还有不同类型的砂页岩山地、丘陵以及河谷、盆地，喀斯特地貌、常态地貌和构造地貌相间分布。在大地构造上属于上扬子台褶带的黔南古陷褶断束，区境全部为沉积岩地层，但岩性差别很大。气候温热、降水充沛、雨热同季，气候类型多样，垂直差异明显。年均温16~19℃，年际变化不大；年均降水量1100~1650mm之间，降水量从东北向西南逐渐减少，大多数地区日照时数在1200h左右，活动积温4200~6100℃，无霜期283天左右。土壤类型主要有石灰土、黄壤、红壤、紫色土、潮土、水稻土等6个土类，14个亚类，26个土属，23个土种。区内分布面积最大、范围最广的土壤类型是石灰土土类。境内大面积分布的是灌丛、灌草丛（草坡）、人工马尾松林及农业植被，森林林分质量较差，主要植被类型有：丝栗栲、甜储栲林、青冈栎、化香、多脉鹅耳栎林、扁刺栲、圆果花楸林、麻栎林、枫香、响叶杨林、马尾松林、白栎、茅栗灌丛、火棘、小果蔷薇灌丛、黄荆灌丛、油茶灌丛、蕨菜灌草丛、铁芒箕灌草丛、野古草、细柄草、白茅灌草丛等。由于多年来的开垦乱伐，如今惠水的原始植被无存，除栽培植被外，其余均为次生的植被类型。

II$_{10}$ 都匀—丹寨—三都轻度—潜在石漠化防治小区

该区包括都匀市、丹寨县、三都县，土地总面积5613.35km²。人口104.79万人，人口密度187人/km²，农民人均可支配收入9450元左右。经济总量小，质量不高，缺乏强有力的市场主体，财政收入增长相对缓慢，农业产业结构调整成效不高，农业仍以种植业为主，种植业比重高，对土地的依赖性大；工业经济规模较小，资源初加工型工业经济较为突出，优势资源开发与生态环境保护之间的矛盾突出，随着能源、矿产、化工、建材等工业的开发和发展，将对生态环境带来严峻的挑战。

地处贵州高原的东南斜坡，总的地势是西高东低，北高南低。但因褶皱构造的直接作用，形成东西背斜地势高，中部向斜地势低的起伏地势。由于地势向南部和东部倾斜，分水岭以南河流（珠江水系）绝大部分水量分流于沙拉河、桐水河、马蹄河；分水岭以北河流（长江水系），多为向东或东南流，经王司、坝固流向北东汇入清水江。四季分明，立体气候明显，多年平均气温15.9℃，多年平均降雨量1200~1450mm。土壤类型分10个土类71个属310个土种，其中耕作土185种，由于碳酸岩石占较大比重，土壤总面积占土地总面积约为50%。土壤适宜水稻、油菜、小麦、玉米、大豆、花生、辣椒、马铃薯、毛芋、番木瓜等作物的种植。植物资源十分丰富，粮食、经济、蔬菜作物品种共501种。农作物主要有水稻、小麦、玉米、油菜、黄豆、土豆、红薯、烤烟等。

III 黔东低山丘陵喀斯特石漠化综合防护区

该区地处贵州东部，北接四川、重庆，南与广西相邻，东临湖南，西连黔中，主要包括铜仁地区的东部、南部和中部的部分地区，黔东南自治州除西部以外的整个地区，黔南自治州的东南部，面积约36515.13km²，占全省总面积的20.71%。总人口594.53万人，人口密度约为163人/km²。轻度以上石漠化面积172265.58hm²，占全区面积的4.72%，占喀斯特面积的19.87%。

III₁ 黔东北部人口中密度—土地中承载林—农业—旅游业生态防护小区

该区包括印江县、松桃县、江口县、碧江区、万山区、玉屏县、石阡县、岑巩县、镇远县、施秉县，土地面积约16197.97km²。人口317.17万人，人口密度196人/km²，农民人均可支配收入8900元左右。农业及其相关的服务业在全省产业结构中占有举足轻重的地位，但农业生产呈现出大灾大减产、小灾小减产、无灾略增产的靠天吃饭状况。工业基础相对薄弱，龙头企业少而且带动作用不明显，地方财政增收和农民脱贫致富都面临极大的困难，财政支出缺口很大，需要中央和省级财政的大力扶持。未来的经济发展将根据区位优势、交通优势，继续壮大以生态环境、旅游资源、民族风情为旅游基础的第三产业。

地貌不仅表现出由西向东呈梯级鞍形降低，而且从河谷到分水岭区，也由明显的不同高度的3级剥夷面和3~4级阶地所组成。在喀斯特地区，峰丛、石山、溶丘、洼地、漏斗、竖井、落水洞、育谷、溶盆、槽谷及喀斯特井、泉分布广泛，地下溶洞、伏流、暗河也十分发育。气候温和，雨量充沛，四季分明。具有冬少严寒，夏少酷暑，无霜期长的特点。其中松桃自治区平均温度在12~16.8℃之间，年平均日照时数1220.2h，日照百分率28%。阴天多，日照少，年总辐射量为354.69kJ/cm²，属全国低值区，省内中值区。区内无霜期263~279天，水量充沛，历年平均降水量为1378mm，东部和中部多，自北向南递增。年均陆地蒸发量为493mm，干旱指数0.36。由于地形地貌复杂，气温稳定性差。土壤成土条件复杂，形成过程各异，类型多样，共划分为黄棕壤、黄壤、红壤、石灰土、紫色土、潮土、水稻土7个土类，21个亚类，57个土属，122个土种及11个变种。由于地形起伏，气候差异明显，生态环境复杂，造就了植被种类繁多。但由于人口增长过快，管理不善，长期滥伐，原生植被遭严重破坏。目前除梵净山植被保存较完整外，绝大部分地区已更替为次生植被。粮食作物以水稻、甘薯、玉米、小麦、马铃薯、大豆为主，经济作物有油菜、花生、茶叶、烟草等。但总体来看，本区森林资源丰富，生物种类繁多，有乔木植物232种，药用植物410种，大型真菌80余种，特别是香料植物缬草，在省内居首位，具有较高的开发价值。

III₂ 黔东南部非喀斯特小区

本区不属于喀斯特石漠化综合防治重点范围。

第二节 石漠化土地造林树种选择

林草植被恢复是石漠化综合治理的主要组成部分，为此必须掌握林草植被恢复使用的树（草）种的生物学和生态学特性，才能合理选择适宜造林树（草）种，达到治理石漠化治理的目标，将石漠化治理的生态、经济、社会效益有机统一起来。为最快恢复和重建石漠化生态环境，有效控制岩溶石漠的发生及演化，在综合治理中应以生物治理为主，而人工造林绿化是生物治理最主要的技术措施和手段，造林绿化应因地制宜，适地适树，认真选择好造林绿化树种和科学合理的土地植被恢复技术及模式。

一、石漠化土地造林树（草）选择

（一）树（草）种选择的原则

贵州是石漠化世界喀斯特分布的中心区，喀斯特类型齐全，具有典型性及代表性。石漠化地区气候条件差异大，整体立地条件差，在植被恢复树种（草）选择时，必须遵循以下原则。

①适地适树原则：选用优良的乡土树种，或引种后在当地环境条件下表现良好、适应性强的树种；

②稳定性原则：选择的树种所形成林分应长期稳定，部分地区要经受得住极端气候灾害因子的考验，并对病虫害有较强的抗性；

③定向性原则：所选人工绿化造林树种（草）必须定向符合以生态效益为主育林目标，能快速形成植被覆盖；

④适应性原则：能抗旱耐瘠、繁育萌蘖能力强、适生范围广、抗寒抗病的树（草）种。

⑤经济性原则：所选树（草）种具有较好经济效益，具有良好市场前景，能把生态、经济效益较好结合起来。

树（草）种选择的具体要求如下。

①能忍耐土壤周期干旱和气候较大温差变幅。具体来说，在幼苗期间，既能在土壤潮湿环境下生长，亦能抵抗土壤短期干旱的影响；既能在温差小的环境下生长，亦能在温差较大的条件下不致于受伤或死亡，能照常进行生理活动。

②根系比较发达，具有良好的固土保水能力。主根在岩缝中穿透能力强，更为重要的是侧根、须根等向水平方向发展能力强，即在瘠薄土壤中及岩缝间的趋水趋肥性显著，能充分分解和吸收利用土壤中有限的养分。

③成活容易，生长迅速，能够短时期郁闭成林或显著增加地表盖度。

④具有较强的萌芽更新能力，便于天然更新，提高抗外界干扰能力。

⑤适宜于中性偏碱性和喜钙质土壤生长的树种。

（二）人工草种选择

全省各县（市、区、特区）均可发展山地生态畜牧业，但在畜种、草种选择上有差异。就草种选择而言，应在不同的区域内，结合企业和市场，兼顾"企业＋农户"

等运作方式，形成完整的畜牧产业链，优化产业结构，促进区域产业布局的形成和发展。贵州主要序幕产业区有以下几种。

1. 西部畜牧产业区

该产业区包括威宁、赫章、水城、盘县。本区域海拔高差较大，最高海拔2900m，最低海拔在金沙江流域为420m。主要的草地类型为山地灌草丛、山地草甸。在中山和亚高山地带，气候温凉，环境湿润，并有开阔平坦的分块连片草地，适宜建立高产人工割草草地，发展黑山羊、肉牛基地，结合石漠化综合治理工程、退耕还林还草工程，可将部分退下来的坡耕地用于人工草地建设，人工牧草基地主要种植禾本科的多年生黑麦草、鸭茅等，豆科牧草紫花苜蓿、白三叶等。本区域重点发展黑山羊、肉牛饲料生产为主的产业化基地。

2. 黔西南项目产业区

该产业区包括晴隆、贞丰、安龙及安顺的关岭。这区域地形起伏较大，分布有许多高山，草地类型主要以山地草甸及部分灌草丛为主，草地生产力较低，本区域应加强人工草地建设，以减缓对天然草地放牧的压力，选择耐寒的人工牧草进行草地建设，重点发展以奶牛、肉牛、绵羊为主的产业化基地。结合石漠化综合治理工程、退耕还林还草工程，将退下来的部分坡耕地用于白三叶、紫花苜蓿、黑麦草等人工草地建设。

3. 黔中畜牧产业区

该产业区包括清镇、平坝、西秀、惠水等县，本区域多属山地丘陵地貌，气候温暖，主要草地类型为山地灌草丛草地。结合石漠化综合治理工程、退耕还林还草工程，可将部分退下来的坡耕地用于人工草地建设，发展肉羊、肉牛养殖。人工牧草基地主要种植禾本科的多年生黑麦草、鸭茅、皇竹草等，豆科牧草白三叶、紫花苜蓿等。本区域重点发展肉羊、肉牛、禽蛋类饲料生产为主的产业化基地。

4. 黔北畜牧产业区

该产业区包括桐梓、绥阳、播州、湄潭等县。本区域为气候湿热的低中山区，天然草地为利用价值不高的灌草丛草地。结合石漠化综合治理工程、退耕还林还草工程，可将部分退下来的坡耕地用于人工草地建设，选用禾本科牧草如黑麦草、狗尾草，豆科的红白三叶等牧草，大力发展高产人工草地，重点发展以瘦肉型猪及特色畜牧产品为主的产业化基地。

5. 铜仁牧产业区

该产业区主要包括铜仁市东5县，该区域主要为山地丘陵区，水热条件好，天然草地为利用价值不高的灌草丛阜地，结合石漠化综合治理工程、退耕还林还草工程，可将部分退下来的坡耕地用于人工草地建设，发展人工种草，主要种植的牧草包括狗尾草、黑麦草、雀麦、龙须草等，种植饲料作物，重点发展以肉牛、特色畜产品为主的产业化基地。

表 5-2 岩溶地区主要人工造林树（草）种选择表

区	小区	调查单位	典型治理模式	典型案例	主要参考树种	主要参考草种
I 黔西高原山地喀斯特石漠化综合治理区	I₁ 威宁—赫章轻度—中度石漠化治理小区	威宁、赫章	森林植被恢复模式	中西部荒山荒地飞机播种植被恢复	马尾松、云南松	
	I₂ 七星关—大方—纳雍中度—轻度石漠化治理小区	七星关、大方、纳雍	综合治理模式	纳雍县上鼠仲河小流域综合治理	柏木、栎类、车桑子、紫穗槐、竹、核桃、李、桃、梨	
			经济利用类植被恢复模式	毕节田冲小流域大户承包种植经果林治理	花椒、李子、桃、梨、核桃、金银花、杜仲、岩桂、任豆、木豆、喜树	
	I₃ 水城—钟山—六枝中度石漠化治理小区	水城、钟山、六枝	生态经济型治理模式	黔西中山、山原水源涵养林建设	栎类、华山松、云南松	
	I₄ 盘县—普安中度—轻度石漠化治理小区	盘州、普安	生态经济型治理模式	黔西中山、山原水源涵养林建设	栎类、华山松、云南松	
	I₅ 晴隆—关岭—贞丰中度—强度石漠化治理小区	晴隆、关岭、贞丰、兴仁	经济利用类植被模式	贞丰石漠化土地李子经济型治理	顶坛花椒、竹叶椒、小红袍	
			经济利用类植被模式	贞丰花椒经济型治理	冰脆李、四月李	
			沼气发展模式	贞丰顶坛模式	顶坛花椒、柑橙、月柿、沙田柚、桃、李	皇竹草
			经济利用类植被恢复模式	贞丰石漠化土地用材林治理	花椒、柑橙、月柿、沙田柚、桃、李、椿、山合欢、朴树、侧柏、冬青、女贞、姜、香叶树	玉米、蔬菜、草
	I₆ 兴义—安龙强度—中度石漠化治理小区	兴义、安龙、册亨	生态经济型治理模式	干热河谷车桑子、金银花林药治理	车桑子、金银花、顶坛花椒	皇竹草
			经济利用类植被恢复模式	安龙德卧金银花经济型治理	黄褐毛忍冬	

续表

区	小区	调查单位	典型治理模式	典型案例	主要参考树种	主要参考草种
II 黔中丘原山地喀斯特石漠化综合防治区	II₁ 遵义—金沙—仁怀—轻度—潜在石漠化防治小区	习水、桐梓、仁怀、汇川、花岗、播州、金沙	草畜平衡畜牧发展模式	桐梓官渡河流域人工种草养畜治理		多年生黑麦草、紫花苜蓿、白三叶
	II₂ 道真—凤冈—余庆潜在—轻度石漠化防治小区	道真、正安、绥阳、凤冈、湄潭、余庆	生态旅游发展模式	务川县大坪镇龙潭小流域生态旅游产业发展	板栗、桃子、李子、柑橘、杨梅	
	II₃ 务川—沿河—思南轻度—中度石漠化防治小区	务川、沿河、德江、思南	生态旅游发展模式	务川县大坪镇龙潭小流域生态旅游产业发展	板栗、桃子、李子、柑橘、杨梅	
	II₄ 沿河—思南中度石漠化防治小区	沿河	工程防治模式	沿河县磨刀溪小流域改梯土地整治	桑	
	II₅ 黔西—织金—清镇中度—轻度石漠化防治小区	黔西、织金、清镇	生态旅游发展模式	织金县裸结河小流域生态旅游发展	李、桃、桔、女贞、楸木、柳杉、柏木	
	II₆ 贵阳轻度—潜在石漠化防治小区	开阳、修文、息烽、乌当、南明、花溪、白云、云岩、紫云、观山湖	森林植被恢复模式	黔中人工促进封山育林植被恢复	马尾松、华山松、火炬松、湿地松、柳杉、滇柏和香椿、喜树	
	II₇ 瓮安—贵定—麻江轻度—中度石漠化防治小区	瓮安、黄平、凯里、福泉、麻江、贵定、龙里	森林植被恢复模式	修文石漠化土地封山育林生态修复	马尾松、华山松、刺槐、滇柏（千香柏）、圆柏	
	II₈ 普定—平坝—长顺中度石漠化治理小区（含贵安）	普定、平坝、镇宁、西秀、贵安新区、长顺、罗甸、望谟	小（微）型水利工程治理模式	黄平县岩英河小流域马桥上渠道整治		水稻、玉米、大豆、蔬菜
	II₉ 惠水—平塘—荔波中度—轻度石漠化治理小区	惠水、平塘、独山、荔波	草地植被恢复模式	镇宁县簕箩小流域草地改造生态修复		紫花苜蓿、多年生黑麦草
	II₁₀ 都匀—丹寨—三都轻度—潜在石漠化防治小区	都匀、丹寨、三都	森林植被恢复模式	黔中新桥河小流域石漠化植被恢复	柏、香椿、苦楝、毛桃、刺槐、女贞	
			森林植被恢复模式	岩溶地区公路边坡灌木护坡生态治理	黄花槐、刺槐、紫穗槐、多花木兰、木豆、车桑子、白花刺、马桑、盐肤木、任豆、胡枝子、火棘	
III 黔东低山丘陵喀斯特石漠化综合防护区	III₁ 黔东北部人口中密度—土地中承载林—农业—旅游业生态防护亚区	印江、松桃、江口、碧江、万山、玉屏、石阡、岑巩、镇远、施秉	工程防治模式	沿河县磨刀溪小流域改梯土地整治	桑	

表5-3 岩溶地区石漠化土地适生树（草）种特性一览表

序号	树（草）种名称	拉丁名	类型	生物学特性				生态学特性				岩溶地区种植区域现状
				叶性	根性	整枝性能	生长速度	自然更新或萌发能力	海拔/m	光照	温度	耐旱性	土壤适宜性	土壤	

序号	树（草）种名称	拉丁名	类型	叶性	根性	整枝性能	生长速度	自然更新或萌发能力	海拔/m	光照	温度	耐旱性	土壤适宜性	土壤	岩溶地区种植区域现状
1	马尾松	Pinus massoniana	乔木	常绿针叶	深根性	较强	快	强	700~1500	阳性	喜温暖	喜湿润、耐干旱	深厚疏松土、耐瘠薄	黄色或红色石灰土	全省海拔适宜范围
2	华山松	Pinus armandii	乔木	常绿针叶	深根性	强	快	强	1000~3300	阳性	喜温凉	喜湿润、耐干旱	深厚疏松土、耐瘠薄	黄色或棕色石灰土	贵州西部威宁、赫章、水城、盘州、七星关。
3	湿地松	Pinus elliottii	乔木	常绿针叶	深根性	强	快	强	150~650	阳性	喜温暖	喜湿润、耐干旱	深厚疏松土、耐瘠薄	黄色石灰土	贵州中部、西南部、东部丘陵区
4	火炬松	Pinus taeda	乔木	常绿针叶	深根性	较强	快	强	<550	阳性	喜温暖	喜湿润、耐干旱	深厚疏松土、耐瘠薄	黄色石灰土	东部丘陵区
5	云南松	Pinus yunnanensis	乔木	常绿针叶	深根性	较强	快	强	1000~2000	强阳性	喜温暖	喜湿润	深厚疏松土、耐瘠薄	红色、黄色或棕色石灰土	贵州西南部、西部的毕节、水城、盘州
6	杉木	Cunninghamia lanceolata	乔木	常绿针叶	深根性	较强	快	较强	800~1800	中偏阳	喜温暖	喜湿润	深厚疏松土	红色或黄色石灰土	除西部高海拔地区，全省均有栽培
7	柳杉	Cryptomeria fortunei	乔木	常绿针叶	深根性	较强	较快	较强	400~2500	中偏阳	喜温暖	喜湿润	深厚疏松土	红色或黄色石灰土	全省海拔适宜范围
8	柏木	Cupressus funebris	乔木	常绿针叶	深根性、侧根发达	较弱	较快	较强	1000~2000	阳性	喜温暖	耐干旱	耐瘠薄	红色或黄色石灰土	中部、西部、北部

续表

序号	树(草)种名称	拉丁名	类型	生物学特性					生态学特性					岩溶地区种植区域现状
				叶性	根性	整枝性能	生长速度	自然更新或萌发能力	海拔/m	光照	温度	耐旱性	土壤适宜性	土壤	
9	侧柏	Platycladus orientalis	乔木	常绿针叶	浅根性、侧根发达	较弱	较快	强	150~2500	中偏阳	喜温暖	耐干旱	耐瘠薄	钙质土壤	全省大部
10	藏柏	Cupressus torulosa	乔木	常绿针叶	浅根性、侧根发达	较弱	较快	较强	1650~2600	耐阴性	喜温凉	耐干旱	耐瘠薄	红色或棕色石灰土	西部高海拔区
11	滇柏(干香柏)	Cupressus duclouxiana	乔木	常绿针叶	浅根性、侧根发达	强	较快	较强	1400~2750	耐阴性	喜温暖	耐干旱	耐瘠薄	红色或棕色石灰土	中西部高海拔区
12	圆柏	Sabina chinensis	乔木	常绿针叶	浅根性、侧根发达	较弱	较快	较强	1100~2800	耐阴性	喜温暖	耐干旱	耐瘠薄	红色或棕色石灰土	中西部高海拔区
13	栓皮栎	Quercus variabilis	乔木	落叶阔叶	深根性	较弱	较快	较强	1800~2800	中偏阳	喜温暖	耐干旱	耐瘠薄	红色或棕色石灰土	六盘水、毕节市
14	麻栎	Quercus acutissima	乔木	落叶阔叶	深根性	较弱	较快	较强	1000~2300	中偏阳	喜温暖	耐干旱	耐瘠薄	红色或黄色石灰土	黔中、黔西南、西部及毕节市大部
15	猴樟	Cinnamomum bodinieri	乔木	常绿阔叶	深根性	强	较快	较强	700~1500	中偏阳	喜温暖	喜湿润	深厚疏松土	黄色石灰土	中部贵阳、安顺
16	香樟	Cinnamomum camphora	乔木	常绿阔叶	深根性	强	较快	较强	1000~1800	中偏阳	喜温暖	喜湿润	深厚疏松土	黄色石灰土	中部贵阳、安顺、黔南都匀、惠水、长顺
17	香叶树	Lindera communis	乔木	常绿阔叶	深根性	强	较快	较强	300~1500	中偏阳	喜温暖	喜湿润、耐干旱	深厚疏松土	黄色石灰土	东部、黔东南、黔南

续表

序号	树(草)种名称	拉丁名	类型	生物学特性					生态学特性					岩溶地区种植区域现状
				叶性	根性	整枝性能	生长速度	自然更新或萌发能力	海拔/m	光照	温度	耐旱性	土壤适宜性	土壤	
18	桂花	Osmanthus fragrans	小乔木	常绿阔叶	深根性	强	较快	较强	900~2200	阳性	喜温暖	喜湿润	深厚疏松土	黄色石灰土	全省大部
19	岩桂	Cinnamomum pauciflorum	小乔木	常绿阔叶	深根性	强	较快	较强	500~1600	阳性	喜温暖	喜湿润	深厚疏松土	黄色石灰土	黔中、黔南、铜仁
20	玉兰	Magnolia denudata	乔木	落叶阔叶	深根性,主根发达	较强	较快	较强	300~1600	阳性	喜温暖	喜湿润	深厚疏松土	黄色石灰土	除西部高海拔地区外的大部地区
21	多花木兰	Magnolia multiflora	乔木	落叶阔叶	深根性	较强	较快	较强	600~1600	阳性	喜温暖	耐干旱	耐瘠薄	黄色石灰土	黔南州、黔东南州大部地区
22	女贞	Ligustrum lucidum	乔木	常绿阔叶	深根性,侧根发达	较强	快	较弱	1200~2800	阳性	喜温暖	喜湿润	深厚疏松土	黄色或棕色石灰土	黔中、西部及毕节市大部
23	冬青	Ilex chinensis	乔木	常绿阔叶	深根性	强	快	强	500~1000	阳性	喜温暖	喜湿润	深厚疏松土	黄色石灰土	黔南州、黔东南、铜仁、义大部
24	香椿	Toona sinensis	乔木	落叶阔叶	深根性	较强	快	较强	1350~1800	阳性	喜温凉	耐干旱	深厚疏松土	中性褐色、红色或棕色石灰土	中西部
25	榆树	Ulmus pumila	乔木	落叶阔叶	深根性	强	快	强	900~2500	阳性	喜温南	耐干旱	耐瘠薄	黄色石灰土	黔南、铜仁、黔西南
26	朴树	Celtis sinensis	乔木	落叶阔叶	深根性	强	快	强	100~1500	阳性,稍耐阴	喜温凉	喜湿润,耐干旱	深厚疏松土、耐瘠薄	中性红色或黄色石灰土	铜仁、黔南、黔西南、遵义东部

续表

序号	树(草)种名称	拉丁名	类型		生物学特性					生态学特性					岩溶地区种植区域现状
			叶性	根性	整枝性能	生长速度	自然更新或萌发能力	海拔/m	光照	温度	耐旱性	土壤适宜性	土壤	
27	柚木	Tectona grandis	乔木	落叶阔叶	深根性	较强	快	较强	<800	阳性	喜温暖	喜湿润	深厚疏松土	黄色石灰土	黔东低山丘陵区及册亨、望谟、罗甸等地
28	光皮桦	Betula luminifera	乔木	落叶阔叶	深根性	强	快	强	500~2500	阳性	喜温暖	喜湿润、耐干旱	耐瘠薄	褐色、黄色、红色或棕色石灰土	全省大部
29	西南桦	Betula alnoides	乔木	落叶阔叶	强	快	强	700~2100	阳性	喜温暖	喜湿润、耐干旱	耐瘠薄	褐色、黄色、红色或棕色石灰土	西部、西南部
30	刺槐	Robinia pseudoacacia	乔木	落叶阔叶	深根性	强	快	强	400~1200	阳性	喜温暖	喜湿润、耐干旱	耐瘠薄	中性黄色或红色石灰土	黔南、黔西南、遵义市
31	椿树	Ailanthus altissima	乔木	落叶阔叶	深根性	强	快	强	100~2000	阳性	喜温暖	喜湿润、耐干旱	深厚疏松土	各种钙质土	全省大部
32	桤木	Alnus cremastogyne	乔木	落叶阔叶	深根性	较强	快	较强	1000~2600	耐阴性	喜温暖	喜湿润、耐干旱	深厚疏松土	中性红色或棕色石灰土	黔中、六盘水、毕节、黔北
33	皂荚	Gleditsia sinensis	乔木	落叶阔叶	深根性	强	快	强	<2500	阳性、稍耐阴	喜温暖	喜湿润、耐干旱	深厚疏松土	微酸性、石灰质土	全省大部
34	喜树	Camptotheca acuminata	乔木	落叶阔叶	深根性	较强	快	较强	800~1800	阳性	喜温暖	喜湿润	深厚疏松土、耐瘠薄	中性黄色或红色疏松土	除黔东丘陵带的大部分地区
35	栾树	Koelreuteria paniculata	乔木	落叶阔叶	深根性	强	快	强	200~1500	阳性、稍耐阴	喜温暖	喜湿润、耐干旱	深厚疏松土、耐瘠薄	石灰石风化产生的钙基土壤	黔中、黔西南、黔南、铜仁大部

续表

序号	树(草)种名称	拉丁名	类型	生物学特性					生态学特性					岩溶地区种植区域现状
				叶性	根性	整枝性能	生长速度	自然更新或萌发能力	海拔/m	光照	温度	耐旱性	土壤适宜性	土壤	
36	苦楝	Melia azedarach	乔木	落叶阔叶	深根性	较强	较快	强	700~1600	阳性	喜温暖	耐干旱	耐瘠薄	黄色或红色石灰土	除黔东丘陵带的大部分地区
37	核桃	Juglans regia	乔木	阔叶落叶	深根性	较强	快	较强	800~2800	阳性	喜温暖	耐干旱	深厚疏松土	红色、黄色或棕色石灰土	黔中、黔北
38	板栗	Castanea mollissima	乔木	阔叶落叶	深根性	较强	快	较强	350~2500	阳性	喜温暖	喜湿润	深厚疏松土	红色、黄色或棕色石灰土	全省大部
39	黄柏	Phellodendron chinense	乔木	阔叶落叶	深根性	较强	快	较强	900~2500	阳性	喜温暖	喜湿润	深厚疏松土	红色、黄色或棕色石灰土	贵阳、六盘水、毕节
40	杜仲	Eucommia ulmoides	乔木	落叶阔叶	深根性	较强	快	较强	600~2300	阳性	喜温暖，耐严寒	喜湿润	深厚疏松土	红色、黄色或棕色石灰土	遵义、正安、湄潭及苗岭山地
41	任豆	Zenia insignis	乔木	落叶阔叶	深根性	较强	较快	强	200~1000	阳性	喜温暖	耐干旱	耐瘠薄	微酸性红色或黄色石灰土	黔西南州
42	山合欢	Albizia kalkora	小乔木	常绿阔叶	浅根性，侧根发达	较强	快	强	500~1600	阳性	喜温暖	耐干旱	耐瘠薄	红色或黑色石灰土	全省大部
43	棕榈	Trachycarpus fortunei	乔木	常绿阔叶	深根性	较强	较快	较强	300~1500	阳性，稍耐阴	喜温暖，耐严寒	喜湿润，耐干旱	深厚疏松土，耐瘠薄	各种石灰土	黔西南、黔南、铜仁、黔中、黔北大部

续表

序号	树（草）种名称	拉丁名	类型	叶性	生物学特性				生态学特性					岩溶地区种植区域现状
					根性	整枝性能	生长速度	自然更新或萌发能力	海拔/m	光照	温度	耐旱性	土壤适宜性	土壤	
44	桑	Morus alba	灌木	常绿阔叶	浅根性，侧根发达	较强	快	强	500~1200	阳性	喜温暖	耐干旱	耐瘠薄	黑色火或红色石灰土	黔西南、铜仁、黔中、黔北大部
45	木豆	Cajanus cajan	直立灌木	落叶阔叶	浅根性，侧根发达	较强	快	强	<1600	阳性	喜温暖	耐干旱	耐瘠薄	各类石灰土	黔西南、安顺
46	黄花槐	Sophora xanthantha	灌木	落叶灌木	浅根性，侧根发达	较强	较快	较强	500~1800	阳性	喜温暖	喜湿润	深厚疏松土	中性黄色或红色石灰土	全省大部
47	紫穗槐	Amorpha fruticosa	灌木	落叶灌木	浅根性，侧根发达	较强	较快	较强	400~2200	阳性	喜温暖	耐干旱	耐瘠薄	褐色、黄色、红色或棕色石灰土	全省大部
48	胡枝子	Lespedeza bicolor	灌木	落叶灌木	浅根性，侧根发达	强	快	强	150~1000	阳性，稍耐阴	耐严寒	耐干旱	耐瘠薄	各类石灰土	黔南、铜仁
49	毛竹	Phyllostachys heterocycla	竹	常绿乔木状	浅根性，侧根发达	较强	快	强	500~1200	阳性	喜温暖	喜湿润	深厚疏松土	红色或黑色石灰土	黔南、铜仁、遵义、黔东南
50	金竹	Phyllostachys sulphurea	竹	常绿乔木状	浅根性，侧根发达	较强	快	强	1400~2100	阳性	喜温暖	喜湿润	深厚疏松土	红色或黑色石灰土	六盘水市、毕节市
51	枣	Ziziphus jujuba	小乔木	落叶阔叶	浅根性	较强	快	强	400~2600	阳性	喜温暖	耐干旱	深厚疏松土	红色或黄色石灰土	黔中、黔西、黔北

续表

序号	树(草)种名称	拉丁名	类型	生物学特性				生态学特性					岩溶地区种植区域现状
				叶性	根性	整枝性能	生长速度	自然更新或萌发能力	海拔/m	光照	温度	耐旱性	土壤适宜性	土壤	
52	枇杷	Eriobotrya japonica	乔木	常绿阔叶	深根性	较强	快	强	500~2600	阳性	喜温暖	喜湿润	深厚疏松土	红色或黄色石灰土	贵州大部
53	杨梅	Myrica rubra	乔木	常绿阔叶	深根性	较强	快	较强	1500~2500	阳性	喜温暖	喜湿润	深厚疏松土	红色或黄色石灰土	贵阳市大部、黔北南部，安顺市
54	李	Prunus salicina	灌木	落叶	深根性	较强	快	强	400~2500	阳性	喜温暖	喜湿润	深厚疏松土	红色、黄色或棕色石灰土	贵州大部
55	桃	Amygdalus persica	灌木	落叶	深根性	较强	快	强	900~2700	阳性	喜温暖	喜湿润	深厚疏松土	红色、黄色石灰土	全省大部
56	樱桃	Cerasus pseudocerasus	乔木	落叶阔叶	深根性	较强	快	较强	1500~2500	阳性	喜温暖	喜湿润	深厚疏松土	红色、黄色石灰土	黔中、六盘水及毕节大部
57	梨	Pyrus spp	灌木	落叶	深根性	较强	快	强	900~2700	阳性	喜温暖	喜湿润	深厚疏松土	红色、黄色石灰土	全省大部
58	柚	Citrus maxima	小乔木	常绿阔叶	深根性	较强	快	较强	600~1400	阳性	喜温暖	喜湿润	深厚疏松土	红色、黄色或棕色石灰土	黔南、铜仁、遵义、黔西南
59	柑桔	Citrus reticulata	灌木	常绿	浅根性，侧根发达	较强	快	强	300~2600	阳性	喜温暖	喜湿润	深厚疏松土	黑色或红色石灰土	贵州大部

续表

序号	树(草)种名称	拉丁名	类型	叶性	生物学特性 根性	整枝性能	生长速度	自然更新或萌发能力	生态学特性 海拔/m	光照	温度	耐旱性	土壤适宜性	土壤	岩溶地区种植区域现状
60	沙田柚	Citrus maxima	小乔木	常绿阔叶	深根性	较强	快	较强	600~1400	阳性	喜温暖	喜湿润	深厚疏松土	红色、黄色或棕色石灰土	黔南、铜仁、黔西南
61	柿	Diospyros kaki	乔木	落叶阔叶	深根性	较强	快	较强	1000~1700	阳性	喜温暖	喜湿润	深厚疏松土	红色、黄色或棕色石灰土	黔北、黔中、黔西南
62	茶	Camellia sinensis	灌木	常绿阔叶	浅根性，侧根发达	较强	较快	强	600~1300	阳性	喜温暖	喜湿润	深厚疏松土	中性红色或黄色石灰土	遵义市、黔南州、六盘水市
63	花椒	Zanthoxylum bungeanum	灌木	落叶	浅根性，侧根发达	较强	快	强	400~2500	阳性	喜温暖	耐干旱	深厚疏松土、耐瘠薄	黄色或棕色石灰土	黔中、黔西南、安顺市及毕节市大部
64	顶坛花椒	Zanthoxylum planispinum	灌木	落叶	浅根性，侧根发达	较强	快	强	300~800	阳性	喜温暖	耐干旱	深厚疏松土、耐瘠薄	黄色或棕色石灰土	贞丰县、关岭县
65	八角	Illicium verum	乔木	常绿阔叶	深根性	较强	快	较强	200~1000	阳性	喜温暖	喜湿润	深厚疏松土	黑色或棕红色石灰土	铜仁市、黔东南丘陵区
66	杜鹃	Rhododendron simsii	灌木	落叶	浅根性，侧根发达	较强	较快	较强	1500~2800	阳性	喜温凉	耐干旱	耐瘠薄	红色或黄色石灰土	大方、七星关、百里杜鹃管委会、水城
67	桃金娘	Rhodomyrtus tomentosa	灌木	落叶	浅根性，侧根发达	较强	较快	较强	600~1800	阳性	喜温暖	耐干旱	耐瘠薄	中性红色或黄色石灰土	黔中、黔西、毕节

续表

序号	树(草)种名称	拉丁名	类型	生物学特性					生态学特性					岩溶地区种植区域现状
				叶性	根性	整枝性能	生长速度	自然更新或萌发能力	海拔/m	光照	温度	耐旱性	土壤适宜性	土壤	
68	清香木	Pistacia weinmannifolia	灌木	常绿	浅根性，侧根发达	较强	快	强	600~2700	阳性	喜温暖	耐干旱	耐瘠薄	红色或黄色石灰土	黔中、六盘水、晴隆
69	车桑子	Dodonaea viscosa	灌木	落叶	浅根性，侧根发达	较强	较快	强	300~2500	阳性	喜温暖	耐干旱	耐瘠薄	中性红色或黄色石灰土	安顺、黔西南州
70	白花刺	Sophora davidii	灌木	落叶	浅根性，侧根发达	较强	较快	强	300~2500	阳性	喜温暖	耐干旱	耐瘠薄	红色或黄色石灰土	全省大部
71	盐肤木	Rhus chinensis	灌木	落叶	浅根性，侧根发达	较强	较快	较弱	300~2700	阳性	喜温暖	耐干旱	耐瘠薄	红色或黄色石灰土	全省大部
72	马桑	Coriaria nepalensis	灌木	落叶	浅根性，侧根发达	较强	较快	强	400~2900	阳性	喜温暖	耐干旱	耐瘠薄	红色或黄色石灰土	全省大部
73	火棘	Pyracantha fortuneana	灌木	常绿	浅根性，侧根发达	较强	较快	强	250~2500	阳性	喜温暖	耐干旱	耐瘠薄	红色或黄色石灰土	全省大部
74	刺梨	Rosa roxbunghii	灌木	落叶	浅根性，侧根发达	较强	较快	强	500~2100	阳性	喜温暖	耐干旱	耐瘠薄	红色或黄色石灰土	黔南、安顺、六盘水、毕节
75	金银花	Lonicera japonica	灌木或藤本	落叶	浅根性，侧根发达	强	较	强	<1500	阳性	喜温暖	耐干旱	耐瘠薄	红色或黄色石灰土	安顺、黔西南、铜仁州
76	葡萄	Vitis vinifera	木质藤本	落叶	深根性	强	较	强	200~1100	阳性	喜温暖	喜湿润	深厚疏松土	红色或棕色石灰土	黔南、铜仁、黔西南

续表

序号	树(草)种名称	拉丁名	类型	生物学特性					生态学特性					岩溶地区种植区域现状
				叶性	根性	整枝性能	生长速度	自然更新或萌发能力	海拔/m	光照	温度	耐旱性	土壤适宜性	土壤	
77	常青藤	Hedera nepalensis	木质藤本	常绿	深根性	强	较	强	1000~3000	耐阴性	喜温暖,耐寒	喜湿润,耐干旱	深厚疏松土,耐瘠薄	黄色或棕色石灰土	中西部
78	皇竹草	Pennisetum sinese	草本		浅根性	强	快	强	200~1100	阳性	喜温暖	喜湿润	深厚疏松土	红色或棕色石灰土	黔西南、安顺
79	龙须草	Juncus effusus	草本		浅根性	强	快	强	200~3400	阳性	喜温暖	喜湿润	深厚疏松土	红色或棕色石灰土	全省各地
80	紫花苜蓿	Medicago sativa	草本		浅根性	强	快	强	1200~2600	耐阴性	喜温凉	喜湿润	深厚疏松土	红色或黄色石灰土	黔北、毕节
81	雀麦	Bromus japonicus	草本		浅根性	强	快	强	100~2500	阳性	喜温暖	喜湿润	深厚疏松土	红色或黄色石灰土	全省大部
82	鸭茅	Dactylis glomerata	草本		浅根性	强	快	强	1000~2700	耐阴性	喜温凉	喜湿润	深厚疏松土	红色或黄色石灰土	黔中、西部、毕节
83	黑麦草	Lolium perenne	草本		浅根性	强	快	强	900~2200	耐阴性	喜温凉	喜湿润	深厚疏松土	红色或黄色石灰土	黔中、六盘水、毕节
84	白三叶	Trifolium repens	草本		浅根性	强	快	强	1200~2600	耐阴性	喜温凉	喜湿润	深厚疏松土	红色或黄色石灰土	全省各地
85	狗尾草	Setaria viridis	草本		浅根性	强	快	强	<3000	阳性	喜温暖	喜湿润	深厚疏松土	红色或黄色石灰土	全省各地

（三）树（草）种选择

贵州石漠化土地广布全省，为了各地森林植被的恢复与重建，在石漠化土地分区基础上，本着适地适树的原则，推荐石漠化地区的人工造林绿化树（草）种，主要选择各地石漠化综合治理和其他生态建设工程中有成功经验的树（草）种。

岩溶地区主要人工造林树（草）种选择详见表5-2。

二、主要树（草）种的生态学特性

在贵州省石漠化地区树（草）种选择的基础上，结合29个石漠化治理工程典型成功案例，列出85个适宜的树（草）种，其生态学特性如表5-3。

三、植被恢复技术

（一）植被恢复技术遵循的原则

综合分析监测资料，总结近年来石漠化土地植被恢复成功的经验和失败的教训，石漠化土地植被恢复技术应遵循以下基本原则。

①因地施策。根据岩溶地区不同的立地条件，宜乔则乔、宜灌则灌、宜竹则竹、宜草则草、宜藤则藤，达到因害设防，因地施策的效果。

②严格选择树（草）种。植被恢复能否取得成功，很大程度上取决于树（草）种的选择是否满足原则。

③细化植被恢复技术和措施。石漠化土地植被恢复难度大，技术要求高，一个技术细节就可以决定植被恢复的成败。这就要求各种技术措施要有很强的针对性，具体化、细化各项技术措施，同时应具有可操作性。

（二）植被恢复技术

在对石漠化土地树种选择和生态学分析的基础上，还要进一步对良种壮苗、造林密度、整地方式、造林方式、幼林抚育管理等植被恢复技术进行详细地说明。

1. 良种壮苗

把好种子、苗木质量关是石漠化土地植被恢复成功的重要环节，选用良种是提高植被恢复质量的重要措施。植苗造林多选用容器苗，裸根苗、种子直播也要因地选用。根据造林地的土壤墒情，在土层相对较厚并能保持土壤水分的地块，可采用裸根苗，但应保护须根不受损伤；在土层较薄，保水能力差的地段，采用容器苗；而在石缝、石隙处，可种子直播。严禁不合格苗木上山造林。直播种子造林前应进行防鸟防鼠、催芽等处理，减少种子损失，提高种子发芽率和成苗率。

2. 造林密度

合理的造林密度是在有限的环境容量下，发挥最大的生态效益、经济效益的重要措施。造林密度过大，不仅大量破坏原生植被，而且林分郁闭过早，影响林下植被生长，对林木生长也不利；造林密度过小，林分难以在希望的时间内郁闭，见效慢，达不到尽快恢复林草植被的效果。根据石漠化土地特征，合理确定造林密度重点考虑以下3个方面。

①立地条件。土层较厚、基岩裸露度低、水资源充足、原生植被较好的地段，造林密度可适度偏小。相反，土层瘠薄、基岩裸露度高、水资源短缺、原生植被少的地段，为尽快郁闭，造林密度适度偏大。

②树种特性。在相同条件下，速生树种的造林密度适度偏小，而慢生树种适度偏大；乔木树种造林密度适度偏小，灌木树种适度偏大；针叶树种造林密度宜适度偏大，阔叶树种五造林树种选择和治理模式适度偏小；树冠密度小的树种造林密度适度偏大，树冠密度大的树种适度偏小。

③培育目的。在相同条件下，培育目的不同，造林密度应有所区别。通常以生态效益为主要目的，则造林密度适度偏大，以便尽早发挥植被的生态功能。而以经济效益为主要目的，则造林密度适度偏小，以利于林木生长，尽可能发挥其经济效益。

综合分析，由于石漠化土地属退化土地，立地条件比非石漠化土地差，植被恢复的根本目的是增加区域林草植被盖度、改善自然生态环境，提高防灾减灾能力，因此，造林密度应比非石漠化土地适度偏大，以尽早郁闭成林。

3. 整地方式

由于岩溶地区石漠化土地立地条件的特殊性，整地方式应以穴状为主，尽量避免全面整地，以减少对原生植被的破坏和水土流失。整地时注意保护原生植被、整地时间、原生土壤、原生树种等。

①造林地尽量避免大规模炼山，以保护好原生植被。

②因石漠化土地水土流失严重，夏季多暴雨，因此尽量避免在夏季整地。

③石漠化土地的土相对稀缺，应将表土和生土分别堆放，并挑出土中石块，便于造林时利用。

④应尽可能保留原生植被，特别是有培育前途和下种能力的乔木树种。

⑤自然式配置栽植穴。石漠化土地基岩裸露度大，有的区域栽植穴不可能像非石漠化土地那样按标准的株行距整齐划一配置，而应根据现地情况见缝插绿，自然式配置植穴。

4. 造林方式

根据树种的特性差异，采取不同的造林方式。杉木、柳杉、柏木等绝大多数乔木树种，采用植苗造林。这种方式能显著提高造林成活率，林木生长快，郁闭早，根系生长迅速，固土能力强，发挥生态效益快。竹类、草本植物多采用分殖造林，如慈竹、麻竹、金竹等。马桑、栎类等多采用直播造林。对整地困难，植苗造林难以实施的地块，通常小穴整地，直播，如云南松、栎类等。

人工造林时，栽前炼苗（容器苗和裸根苗），随起随栽，宜选择阴雨天或阴天进行栽植。容器苗栽植时将容器去除或撕破容器底部包裹物后植入穴中，苗干竖直，深浅适当；先回填表土，再回填心土；分层填土、扶正、压实，浇足定根水，最后覆土疏松的土壤；覆土面高于容器表面1~2cm。裸根苗栽植要求苗正根深，适当深栽，细土壅根，不窝根，先回填表土，再回填心土，分层填土、扶正、压实，浇足定根水。土要打细，踩紧踏实，填土稍高过根茎原覆土位置1cm左右为宜。覆土最好成树盘状，以利于蓄积雨水。

5.幼林抚育管理

幼林抚育管理可促进林木生长，使林分快速郁闭成林或提高植被盖度，是植被恢复的重要技术措施，主要包含以下几个方面。

①穴内松土除草。石漠化植被恢复的目的是增加植被盖度，为了不影响林下植被发育，又能促进林木生长。松土除草要适时，一般春季造林当年开始抚育，秋季造林第2年开始抚育。幼林一般要连续抚育3年，第1年1次、第2~3年根据实际情况抚育12次，未郁闭的第4年继续抚育1次。在进行幼林抚育时只对严重影响幼树生长的灌木、草本进行刀抚。松土时注意培土，修筑集水、树盘或鱼鳞坑，以增加保土蓄水能力。

②扶苗、正苗。灌木、草本一般不松土，多采用扶苗、正苗促进其生长。因为石漠化土地立地条件较差，植物难生长，灌、草根系分布不深，松土除草反而损伤灌、草根系，影响灌草生长和水土保持能力。

③水肥管理。石漠化土地保肥保水能力和土壤本身的肥力水平都较低，对经济林木采取严格的水肥管理措施，确保植被恢复成效并取得效益有着重要的意义。若遇干旱，根据造林地土壤墒情。适时浇水灌溉，保持栽植穴土壤湿度。如果造林地离水源较远或没有水资源可以使用表面活化剂或保水剂，使土壤得到充分的湿润。石漠化土地土壤养分均较缺乏，需施足基肥，合理追肥，及时补充树木需要的各种营养元素，有条件的地方可采用配方施肥方式，有针对性地提高和补充土壤肥力，保障树木养分供给。

④修枝整形。对桃、李、花椒、核桃、澳洲坚果等经济树种，进行适当修枝整形，可提前挂果，增加产量，提高效益。

⑤补植、补播。造林后连续3年进行成活率检查，对成活率在85%以下的造林地块按设计密度进行补植、补播，保证造林成效。

⑥平茬、间苗定株。为促进灌木生长，萌发更多枝条，增加覆盖率，应适时对灌木进行平茬。直播造林地出苗较多时，为避免过度竞争，须适时对苗定株，除弱抚壮，保证合理密度。

⑦加强封山育林（灌、草）。石漠化土地植物资源贫乏，生物多样性指数低，人畜

活动频繁，对原生植被造成严重的破坏，也严重影响植被恢复的成效。因此，植被恢复造林范围内应严格封山育林（灌、草），严禁在封山区内放牧、打柴、开垦、采石、挖沙等，以提高植被盖度和水土保持能力。

第三节　贵州省石漠化综合治理模式

一、森林植被恢复模式

模式背景：贵州地处"两江"上游，岩溶广布，石漠化的发生与演化导致生态系统极为脆弱，基岩大面积裸露，不仅是我国西南石漠化的核心区，亦是重要的生态建设和水源涵养区，因此构筑"两江"上游生态屏障极为重要。石漠化治理的首要任务是恢复石漠化土地林草植被，重建石漠化土地生态功能，遏制石漠化程度加深及面积扩展。实践表明，封山育林（草）投资较少、操作简便、效果良好，是实施石漠化治理的有效技术措施之一。同时，经过多年持续地实施营造林工程、石漠化综合治理工程等，基本实现立地较好的石漠化土地整治，现阶段更需研究和应用先进技术，强化困难立地的石漠化土地营造林力度，实现石漠化土地林草植被建设及综合治理的全面覆盖。

技术思路：针对基岩裸露度高、土层瘠薄、自然条件恶劣的高海拔、地势陡峭及干热河谷的岩溶区，林草植被盖度低，不具备大面积实施人工造林、更新条件，根据岩溶生态系统生态位原理及自然演替理论，最大限度地利用石缝、石沟、洼地等各类有利的岩溶小生境，人为干预诱导原生性自然植被的生长潜能，以人工促进恢复为主要技术手段，构建石漠化困难立地的生物多样性，促进自然修复。同时，根据"生态优先、因地制宜"的主导思路，遵循岩溶生态系统的自然演替规律，综合运用生态恢复与水土保持原理及事件，选用抗旱耐瘠、高光喜钙、岩生速成、抗逆性强的乔、灌、藤、草先锋物种，通过造林、人促、封育等措施与原生植被构建复层混交、结构完整的林、灌、草植被体系，重塑损害或退化的岩溶生态系统，增强岩溶生态系统生态功能，遏制石漠化的演进。

建设内容：划定封山育林范围，设立标志、标牌，建立管护机构，明确人员职责，制定管护制度，落实管护及人工促进措施，严格执行封山育林标准。人工造林严禁炼，根据立地及树种灵活选择适宜的块状林地清理、"见缝插针"式整地，力保原有乔、灌树种；可密植区域提高造林密度，有条件的地方修建蓄水设施保障灌溉，加快植被恢复进程；选择松类、柏类、栎类、枫香、刺槐、花椒、刺梨、火棘等先锋乡土树种；种植后加强抚育和管护，防止人畜破坏，严防火灾，保障树木生长成林。

适宜区域：六盘水市、毕节市、黔西南州、黔中地区干热河谷区域，坡度陡峭、自然条件恶劣的山地及人迹稀少的偏远区域，土壤以黄棕壤、石灰土为主，植被覆盖度较低，具备封山育林种质资源条件的重度与极重度石漠化区域。人工造林主要针对人为活动相对较少、生态环境脆弱、立地条件较差的岩溶山地、峰丛洼地和谷地的中上部中度以上石漠化土地。

案例1：修文县石漠化土地封山育林生态修复

1. 自然条件概况

该治理区位于修文县西部猫跳河流域，山峦重叠，峰岭绵亘，海拔在600~1600m，相对高差大，形成深切的峡谷和剧降的急流险滩，岩溶作用明显，土层浅薄、原生植被基本被破坏，土壤保水性能差、基岩裸露率高，石漠化分布集中。气候温暖、雨量充沛，雨热同期，岩溶物种相对丰富，具备实施生态修复的自然条件。

2. 治理思路

尽管石漠化土地土被不连续，土层浅薄，但有机质含量高，团粒结构发育良好，适宜于多种乔灌树种生长。实施封山育林，补植部分适生乔木或灌木树种，促进岩溶植被修复，提高林草植被的涵养水源、保持水土功能，改善区域生态环境。

3. 主要技术措施

根据"见缝插针"原则，采取"栽针、抚阔、留灌"的方法，实行块状整地，栽植目的树种。依据适地适树的原则，选择岩溶地区适生的马尾松、华山松、刺槐、滇柏、圆柏等树种，以容器苗造林为主。从补植后第2年开始连续抚育3年，以促进林木生长。落实封山育林管护措施，确保管护成效。为了减少森林资源消耗，巩固治理成果，大力普及电能使用，推广改灶节柴，发展沼气及小型水力设施，减少薪材消耗。

4. 案例成效分析

本模式充分利用了自然恢复能力，投资少，易操作，能较快速形成复层混交林分，使该地生态功能显著提高。

5. 适宜推广区域

该模式适宜在海拔600~1600m的岩溶丘原、山原、低中山、中山及岩溶丘陵盆地石漠化较为严重的区域推广。

案例2：贵州黔中石漠化土地封造结合生态修复

1. 自然条件概况

该治理区位于贵州省中部的贵阳至花溪、贵阳至黄果树公路沿线的石灰岩山地，基岩裸露率高达70%以上，石漠化程度深，土壤极少且浅薄，多呈不规则状，零星镶嵌在石缝中，而且其地下基岩透水，保水蓄水功能差，植被恢复过程较漫长。但该地区热量较充足，降水量丰富，水热同季，周围又有丰富岩溶适生植物种源，具备天然下种和封育条件。

2. 治理思路

采用全面封禁的技术措施，严禁放牧、严防放火烧山等人为破坏活动，利用周围地区植物天然下种，先育草，后育灌，最后形成乔灌草相结合的植物群落。对有特殊意义的重要地段，在投入保证的情况下，可采用爆破或打坑客土造林的办法，人工促进植被恢复，形成贵州重要旅游廊道的景观林，实现生态治理与景观建设的有机结合。

3. 主要技术措施

①封山育林：采取全封，封育年限在10年以上。在封育期间禁止砍柴、放牧、割草、烧山和其他一切不利于植物生长繁育的人为活动，借助自然力量逐步恢复林草植被。封山前要进行规划设计，设立封育标志标牌，成立管护组织，配备管护人员。

②客土造林：对有特殊意义又急需造林绿化的区域实施爆破或人工打坑，规格为80cm×80cm×60cm，品字形排列，然后客土栽植大苗，树种以猴樟、香樟、女贞、桂花、玉兰、棕榈、杜鹃等常绿阔叶树种为主，种植密度为42~100株/亩或采用"见缝插针"式栽植方式。对新植树木进行埋木桩捆绑固定，以防风吹摇动，影响造林成活率。同时，认真保护好造林地块的灌草原生植被。

4. 案例成效分析

封山育林与客土造林相结合，不仅解决了难利用地的植被恢复问题，而且可使一些特殊地段（风景名胜区、水土流失严重区等）加快植被恢复的进程、增加林草覆盖率，实现生态建设与景观营造的目标。通过近10年建设，模式区植被覆盖率普遍增加了20%，并在沿线形成了多个景观带，为旅游业发展营造了良好的生态环境。

5. 适宜推广区域

本模式适宜在岩溶地区生态区位重要且景观要求高的地区推广应用。

案例3：贵州黔中人工促进封山育林植被恢复

1. 自然立地条件概况

该治理区位于贵州省中部的贵阳市、安顺市，西部的六盘水市和黔西南州等地区的中、重度石漠化山地。该区气候温暖，雨量充沛，雨热同季。尽管石漠化山地土层不连续，土层较薄，但有机质含量高，团粒结构发育良好，仍有多种乔、灌木适宜生长。

2. 治理思路

针对当地人口密度较大、立地条件差、小生境类型多样、植被恢复困难的实际情况，采取人工促进封山育林的方法，以封为主、封造结合，加快中重度石漠化土地林草植被的恢复，提高其涵养水源和保持水土的功能。

3. 主要技术措施

①封育管护。按照封山育林技术标准，对具备封育条件的区域和山头地块，统一规划，划定封育责任区，明确目标，落实管护人员与措施，分年度实施。

②人工促进更新。按照《贵州省公益林建设和管理办法》《贵州省封山育林技术规定》的要求，采取"栽针、抚阔、留灌"人促技术，块状整地，植苗造林。树种选择遵

循适地适树适种源的原则,以马尾松、华山松、湿地松、火炬松、柳杉、滇柏和香椿、喜树等乡土岩溶物种作为补植树种,按小生境类型合理配置。整地规格视树种而定,不宜过大,一般以40cm×40cm×30cm为宜。对造林地上的原有和天然下种的阔叶树要严加保护并进行抚育管理;对灌木则以提高植被覆盖度为目的,通过适当调控密度,为目标树种有一个合理的培养空间创造条件。对补植林木从次年起,连续抚育3年,促进其迅速生长和形成结构良好的复层混交林。

③配套措施:为有效地减少森林资源的消耗和保护地表林草植被,大力推广用电、改灶、节柴、建沼气池等措施,实施"清洁能源"工程建设,减少薪材消耗。

4. 案例成效分析

本模式充分利用自然条件,采用封造结合的措施营造和恢复岩溶植被,加快中、重度石漠化山地生态环境的重建和恢复速度,提高其涵养水源和保持水土的功能。

5. 适宜推广区域

本模式适宜在贵州省中部、西部、西南部的中、重度石漠化山地推广应用。

案例4:贵州中西部荒山荒地飞机播种植被恢复

1. 自然条件概况

该治理区位于贵州省黔南州的独山、平塘、罗甸、惠水,安顺市的紫云和毕节地区的威宁等地,曾存在大面积宜林荒山荒地,林草植被覆盖度不超过30%,地表较为平整,石漠化土地分布相对偏远,土壤呈微酸性和酸性反应,适宜飞机播种造林。

2. 治理思路

为加快荒山荒地的造林步伐,根据许多树种具有天然下种能力的生物学特征,选择马尾松、云南松、柏木等树种进行飞播造林,并通过以飞促封,以封保播的严格管护,建设大面积的生态公益林,实现规模化治理石漠化,加快石漠化生态修复进程。

3. 主要技术措施

①播区选择:选择面积不小于1万亩,有效播种面积不低于70%,呈长方形集中连片分布的宜林荒山荒地。

②植被处理:飞播前20天完成播区的杂草杂灌清理工作,林草植被盖度小于20%的播区,无需清理草灌。

③树种选择:赫章、水城、兴义线以东选用马尾松,每亩用种量150~175g;以西选用云南松,每亩用种量250g。种子上机前,应用防鸟鼠危害的药物进行拌种。

④播种季节:每年雨季即将来临的3~4月份为适播期。

⑤飞机作业方式:用"运-5"型或"运-12"型飞机进行飞播,采用GPS导航技术辅助飞播作业。

⑥经营管护:播后封禁管护5年以上,明确专职护林员或建立飞播林场进行管护。

播种当年秋季进行成苗调查。对漏播和缺苗地段，翌年春天应进行人工补植补播；第5年进行林木保存率调查；第7~10年开展抚育间伐，调整林分密度。抚育间伐时，首先要保护天然形成的阔叶树，以培育针阔叶混交林。马尾松幼林阶段容易发生立枯病、赤落叶病、松梢螟等病虫害，成林阶段易发生松毒蛾、松毛虫等虫害，可在4~5月份用灭幼脲灭除，也可喷洒白僵菌进行生物防治。

4. 案例成效分析

飞播造林投资省、速度快、面积大、效果好，模式区早期播种的地区已郁闭成林成材，近期播种的也已郁闭成林，生态效益显著。

5. 适宜推广区域

适合在石漠化土地相对集中、且地表植被盖度较低的区域推广。

案例5：贵州岩溶地区公路边坡灌木护坡生态治理

1. 自然条件概况

该治理区位于贵州高原向广西丘陵的过渡地带，平均海拔在600~1100m之间，地势由北向南缓缓降低，主要山峰、河谷走向呈南北展布，为典型的隔槽式褶皱山区，区内地形切割较强烈，地貌较复杂，既有山高谷深的峡谷地貌，又有相对平坦的溶丘谷地，岩溶地貌与侵蚀地貌交错分布，地貌类型总体上属于岩溶山原或山地地貌，多为石灰岩山地，石漠化广泛分布，土层瘠薄。中亚热带高原季风湿润气候区，5~8月为雨季，具有冬无严寒，夏无酷暑，气候温和湿润的特点。

2. 治理思路

喀斯特地区公路建设中所形成的边坡，多为陡峭裸露、土层瘠薄、植被覆盖率低的岩石坡面，但这些地区气候温暖、降水丰沛，适宜植物的生长。喀斯特地区的岩石呈碱性，其岩石多孔、多层次节理、相对较松脆，并且不利喜酸性植物生长。喀斯特地区裸露岩石边坡绿化治理技术，首先将具有保水、透水、透气性能的人工土壤稳定地覆盖附着在坡面上，再将育苗基质喷播在人工土壤上，创造适于植物生长的条件，快速恢复植被，构建人工植物群落，保持水土、美化道路、净化空气、防沙去尘。将公路建设所造成的破坏限制在最小范围内，实现人与自然的和谐发展，实现公路、交通运输和生态环境建设的协同发展。

3. 主要技术措施

①树种选择：护坡植物的选择，主要遵循生长速度快、抗逆性强、适应性强、固土护坡能力强，迅速覆盖坡面，使边坡坡面与周边的自然环境融为一体。主要选择黄花槐、刺槐、胡枝子、木豆、紫穗槐和多花木兰及典型乡土植物马桑、车桑子、白花刺、火棘、盐肤木和任豆树等。

②清理坡面：彻底清理坡面上容易滑落的浮石、危石及不稳定部分，填补坡面的凹

洞部分。

③固定构件：铺设金属网固定基质，防止基质滑落，对坡面进行柔性覆盖，以适应地形变化；打设锚固件固定金属网，强化网络保护；添设T型植生板为基质，在岩壁坡面上提供附着平台，更好地保证植物生长和根系展布。

④喷附人工土壤：利用喷播车在坡面上喷播喷附人工土壤，凹凸地及死角部分应注意，喷播厚度要均匀。喷完后，T型植生板上人工土壤的平均厚度应不小于50mm，下面的平均厚度宜不小于10mm，并覆盖铁丝网80%以上。

⑤喷播育苗基质：将混有种子的土壤喷洒在人工土壤之上，正面进行抛物线喷射，避免直喷，喷播要均匀。

⑥养护：喷播育苗基质后3日内应遮阴浇水和防止暴雨冲刷，并根据气温、雨水、灌木种类等情况，适当浇水直至灌木种子发芽。每半年施肥1次，每季度施1次农药防止病虫害，死伤苗应及时补种。

4. 案例成效分析

①喀斯特地区公路灌木护坡的平均单价为130元/m^2。利用此项技术进行边坡生态治理，每平方米较工程性防护措施节约资金20元，10万m^2可节约投资200万元；农民施工每平方米可获劳务费15元，10万m^2可获劳务费150万元。

②吸收有害气体，吸附尘埃。1亩生长良好的树木，每年吸收二氧化硫80kg，吸附尘埃210kg，该模式已累计推广边坡治理近60万m^2，每年可吸收二氧化硫72t，吸附尘埃192t，有效地改善了公路路域的空气质量。

③吸收二氧化碳，释放氧气，维持碳氧平衡。植物光合作用消耗大量二氧化碳气体，对温室效应有较好的抑制作用。1亩树木一天可以吸收66.7kg二氧化碳，释放出42kg氧气，可供67人呼吸。本模式推广应用的60万m^2，每天可吸收60t二氧化碳，释放氧气44t，供6万人呼吸。

④景观功能。人类的眼睛能看到的是波长从380~760nm的光线，感觉到最舒适的是波长553nm的绿色，由绿色引起的紧张状态最小。灌木成林后，车辆穿行在郁郁葱葱、生机盎然的绿色环境中，让驾驶者体验到清新、凉爽、和谐、安定的美感，保持愉悦心情。

5. 适宜推广区域

该模式适宜卡斯特去各种公路边坡，以及岩石、煤矸石、硬质土、沙质土、贫瘠地、酸性土壤、干旱地带、河岸堤坝等植物生长困难的地方，尤其适用于喀斯特地区。

案例6：贵州黔中新桥河流域石漠化植被恢复

1. 自然条件概况

该治理区位于贵州关岭中部的新桥河流域，总面积14640亩，省道（贵阳—兴义）214线与关岭花江支线在此交汇。属中亚热带季风湿润气候，年均降水量700mm，年均蒸发量 800mm。主要的成土母岩为白云岩、石灰岩，主要发育为石灰土。治理前原生植被破坏严重，森林覆盖率仅 8.2%。岩溶地貌发育强烈，基岩裸露程度大，年平均侵蚀模数达 6000/km²，水土流失严重，石漠化现象非常典型，生态环境十分恶劣。

2. 治理思路

以影响生态环境的白云质灰岩形成的石漠化宜林地、无立木林地、陡坡耕地为治理重点，"造、封、管、沼、节"并举，以科技为先导，不断扩大森林植被面积，遏制水土流失和石漠化扩展，实现生态、经济、社会效益统一协调发展。

3. 主要技术措施

①树种选择：选择适应性强、根系发达、水土保持功能好、具有一定经济效益的滇柏、香椿、苦楝、刺槐、毛桃、女贞等树种。

②整地：块状整地，规格 30cm×30cm×20cm，或 40cm×40cm×40cm，"品"字形排列，在造林前 1~2 个月的冬、春季节完成整地。

③苗木：根据具体的土壤状况选用不同规格的良种苗木，提倡推广营养袋苗造林，并推广使用 ABT 生根粉或绿色植物生长调节剂（GGR 6~10 号）浸根。

④栽植：行间或带间混交。植苗造林在冬季和早春苗木发芽前或雨季进行。栽植时清除穴内杂物、打碎土块、回填表土、扶正苗木、压紧踏实、稍覆松土，覆土至苗木根际以上 3cm~5cm，要求做到根舒、苗正，适当深栽，切忌窝根。

⑤抚育管理：从造林的当年开始，本着"除早、除小、除了"的原则连续抚育 3 年，每年 1~2 次，刀抚、锄抚相结合，小块状抚育，松土深度 10cm 左右，要求近苗浅、外围深。尽量保留株行间的灌木、草本，避免因抚育不当而造成新的水土流失。有条件的可合理施肥，防护林 15kg/亩、经济林 45kg/亩。

⑥配套措施：积极发展常规能源，建设沼气池，开展节能工作，减轻居民生活能源对岩溶植被的压力。

4. 案例成效分析

通过对关岭县新桥省级生态综合治理示范区 3 年的综合治理，建设 4m³ 商品化玻璃钢沼气池 80 口、6m³ 水泥浇灌沼气池 40 口和节柴灶 180 户。农户通过使用沼气、电、煤，大大降低了农户对植被资源的破坏。模式区净增森林面积 9000 亩，森林覆盖率由过去的 8.2% 提高到现在的 71.4%，模式区内的水土流失和土地石漠化得到有效控制，生态环境明显改善。

5. 适宜推广区域

本模式适宜在贵州高海拔岩溶地貌发育的地区推广。

案例7：贵州南、北盘江干热河谷区生态林治理

1. 自然条件概况

该治理区位于贵州省南部的兴义市，与广西壮族自治区接壤的红水河、南盘江及北盘江河谷海拔在600m以下的地带，年均气温18~20℃，年均降水量1000~1400mm，生长期340天以上，属典型的干热河谷气候。山地地貌由石灰岩和砂页岩交错组成，地带性原生有热带成分的季雨林已被破坏殆尽，除部分地方残存有云南松外，多数地区已沦为灌丛和巴茅草，生态功能低下。

2. 治理思路

该治理区因冬春干旱严重，夏季高温高湿，树种选择及造林难度较大。因此，应按照先绿化后提高的思路，合理选择树种，科学造林育林，加大抚育管护力度，尽快恢复森林植被。

3. 主要技术措施

①树种选择：选择耐干旱、耐贫瘠的灌木树种花椒、火棘、车桑子为主，适当混植任豆、柚木、栾树、滇柏、云南松等高大乔木，逐步形成乔灌相结合的复层混交林。

②整地：带状或块状整地。用牲畜犁地，沿等高线环山带状开沟整地，带间距1m，带宽30~40cm，深20~30cm。块状整地规格为40cm×40cm×30cm。

③造林：车桑子以直播造林为主，沿开沟整地的方向均匀地将种子撒入土中，覆盖厚3~4cm的土，每亩用种量0.3~0.5kg。造林时间一般在雨季开始前半个月。在局部土层较厚的地块，可适当不规则补植滇柏、云南松容器苗等，形成复层混交林。

④抚育管理：造林后连续抚育3年，每年刀（锄）抚2次，同时加强管护，封山护林，严禁放牧和火烧山，确保造林成效。

4. 案例成效分析

实践证明，车桑子是干热河谷地带性植被恢复的先锋造林树种，成活率高，生长快，能较快覆盖地表；而滇柏、云南松是优质用材树种，可解决农村部分用材，且形成复层混交林，生态功能稳定。

5. 适宜推广区域

该模式适宜在贵州省册亨、望谟、罗甸、兴义、安龙、晴隆、紫云、关岭等干热河谷地区立地条件较差的岩溶地区推广。

案例8：贵州黔东南白云质砂石山乔灌草结合型生态修复

1. 自然条件概况

该治理区位于贵州黔东南州凯里市，为白云质砂石山地，立地条件差，土壤极为瘠薄，土壤石砾含量高，蓄水保土功能差，生境严酷，宜林程度低，适生树种少。属中亚

热带湿润季风气候，年均气温16.1℃，年均日照1289h，年均降水量1243mm，无霜期282天。

2. 治理思路

白云质石漠化土地具有土层极薄，造林选用耐干旱瘠薄、喜钙质、成活容易的乔灌木树种，进行适当密植，并可撒播部分龙须草种子，实施封山育林，尽快实现地表覆盖，改善区域生态环境，防止水土流失。

3. 主要技术措施

①树种及其配置：选择滇柏、柏木、侧柏、藏柏等喜钙柏类树种，以及车桑子、龙须草等乔灌草混交造林，乔木株行距1.5m×2.0m，灌木或草本植物株行距0.5m×0.5m。

②种苗：本着就地育苗、就近造林的原则，在春季培育容器苗。滇柏、藏柏容器苗30cm高时即可出圃造林。

③整地造林：冬季或雨季人工穴状整地，挖穴规格30cm×30cm×25cm，以满足树木种植为宜；整地时不准炼山，尽可能保护好现有灌草植被。随整地随栽植，用1年生容器苗密植，并适当深栽，初植密度为296~440株/亩。车桑子采取点播的方式造林，每亩用种量0.3~0.5kg。

④配套措施：造林后全面封禁5年以上。封禁期不准割草，不准放牧，严防火烧山，禁止开山挖沙取石等。同时，要注意病虫害防治。对于侧柏毒蛾，可在4~5月份用除虫菊酯进行防治。

4. 案例成效分析

实践证明，乔、灌、草结合治理白云质砂石山地是成功的，可以快速改善生态环境，恢复植被，增加森林景观，获取较好的生态效益和社会效益。

5. 适宜推广区域

本模式适宜在白云质砂石山地推广应用。

二、草地植被恢复模式

模式背景：石漠化土地因基岩裸露，土层极薄，特别是高海拔地区，地表植被以草本为主，草本是该区域生态环境的重要载体，但因过度放牧、烧灰积肥、陡坡开垦等影响，导致岩溶地区草地严重退化，生产力下降，水土流失加剧和石漠化扩展。

技术思路：该模式按照岩溶生态系统的自然演替规律、生态恢复学与水土保持学原理，遵循"生态优先、因地制宜"原则，选用耐干旱瘠薄、喜钙、喜光、岩生、多年生草本，对现有低质低效草地进行抚育、施肥与补植等措施，提高草地植被盖度和生物量；同时对部分宜草地等实施人工种草，重建已损害或退化的岩溶生态系统，提高岩溶生态系统的生态功能，遏制石漠化土地的扩展。

建设内容：对于现有石漠化草地，选择本地草种，通过点播方式对草本缺乏区域进行补植，提高现有草地覆盖，改善石漠化区域生态环境；对于宜草地块则以条播、撒播等方式种植经济价值较高、产草量高的优质牧草，实现草地恢复，并为畜生提供优质牧草，实现生态修复与经济同步发展。同时，对草地进行施肥、除虫等科学管理，并设置网围栏，严禁大规模进行牲畜放养，确保草地的可持续发展。

适宜区域：该模式是一种广谱型模式，主要针对海拔高、土层瘠薄的区域，但对具有养殖习惯，牧草资源缺乏的区域亦可推广。

案例：贵州省镇宁县簸箩小流域草地改造生态修复

1. 自然条件概况

簸箩小流域以岩溶丘地、洼地为主，土壤为黄壤土和石灰土，土厚40~50cm，海拔1298m，年平均气温14℃，年降水量1326mm，日照时数为1092~1325h，植被覆盖率为30.6%。模式区因无规模人工草场，农户发展畜牧养殖，对天然草地造成破坏，加剧土地石漠化。

2. 治理思路

尊重项目区农户意愿，鼓励农户自行养殖，同时引导养殖大户把本区域（村）的石漠化治理斑块中所涉农户的土地，采取合同租赁、承包方式进行流转，建设优质草场，发展多元化、规模化养殖，同时聘请项目区群众参与牧草种植与养殖，大力发展畜禽养殖，达到生态治理和经济增收的双重成效。

3. 主要技术措施

对不宜全垦的天然草场或荒草地上，在保留原有的生态植被防止水土流失原则下，通过点播方式增植优质牧草，整体提高牧草营养价值与产量。同时，发动养殖大户在经果林下套种种植紫花苜蓿和多年生黑麦草属营养价值高、适口性好的优质牧草，为牲畜提供稳定的牧草来源。经过改良后的草场，按其载畜力（以黄牛为单位）5亩/头进行设计，积极引导该区域的农户，采取"舍饲+放牧"相结合方式进行肉牛养殖，有效加快肉牛的生长育肥速度，做大做强地方肉牛产业。把治理区域内农民的土地进行集中管理，用少量租金及果树管护换取农户的土地使用权，实施牧草的大面积培育。

4. 案例成效分析

项目区人工种植牧草3450亩，草地改良690亩。第二年后，模式区地表草地植被盖度提高20个百分点，有效地遏止石漠化扩展趋势。同时，配套棚圈建设11391m^2，每年新增出栏肉牛近500头，出栏肉猪6200头，出栏肉禽达65000羽，促进了项目区养殖农户年新增养殖经济收入1080万余元，养殖利润200万元，实现了生态建设与经济发展的双重目标。

5. 适宜推广区域

该模式适宜在贵州天然草地面积较大，有畜牧业发展需求的区域进行推广。

三、工程防治模式

模式背景：岩溶地区因地表起伏较大，且区域降雨量充沛，雨季分配不均，特别是暴雨期间，石漠化区域水土流失严重，地质灾害频发，导致土地石漠化扩展与程度加剧，形成许多石漠化耕地（石旮旯地）。而石旮旯地又是当地群众的主要耕作土地。另外，对于冲沟、陡坡、边坡等生态敏感地段，工程措施具有见效快，稳定性强等特点。

技术思路：遵循岩溶地质学特点，对坡度 5°~25°、水土流失严重、石漠化等级相对较低、土层较厚的坡耕地实施坡改梯工程，对石漠化土地梯土化，降低耕作面坡度，配套实施作业便道、蓄水池、截（排）水沟等，减少水土流失，保障耕地有效灌溉，达到治理石漠化的目的。对于生态地位敏感的冲沟、边坡等石漠化土地，通过浆砌石、混凝土浇筑等进行加固，降低地表坡度，防止表土流失与冲刷。

建设内容：根据项目区石漠化土地实际，按坡改梯相关规程规范实施梯土化整理，合理配置防洪渠、集雨沟等防止土壤侵蚀的工程措施，减少水土流失。

适宜区域：该模式重点在人多地少、石漠化耕地（石旮旯地）集中分布、土地生产力低的岩溶洼地、岩溶谷地、岩溶山地等推广应用。

案例1：贵州省沿河县磨刀溪小流域坡改梯土地整治

1. 自然条件概况

在《岩溶地区石漠化治理规划大纲（2006—2015年）》分区中列为岩溶槽谷石漠化综合治理区。模式区位于贵州省东北部的沿河土家族自治县官舟水库大坝下游东岸，326国道线上，西北面、东北面、西面分别与试点区鱼泉头、黄龙浸、官舟水库库区小流域相接，流域面积12.16km^2。2008年，小流域内总人口3500余人，其中农业人口3350人，人口密度290人/km^2，劳动力1590人；农民人均纯收入1500元左右，人均粮食272kg；流域内以石漠化坡耕地为主，达1.2万余亩，占流域土地总面积的66.06%，但土地生产力低；林地3990亩，占流域土地总面积的18.59%，生态环境较差，水土流失严重，石漠化呈现加剧扩展。

2. 治理思路

以建设高标准基本农田和绿化固土治理为目标，培育发展绿色产业，调整产业结构，开辟农村经济增收渠道，巩固治理成果，改善基本生产条件为目标，以提高资源利用率和承载力为宗旨。

3. 主要技术措施

一是对25°以上的陡坡实施坡改梯516亩，采取大弯就势，小弯取直，炸石抠土，岩石砌坎，回填泥土，进行坡土改造，有效提高了土地利用价值，减少水土流失；二是对梯地边坎种植经济林果木与绿篱，提高区域植被盖度；三是配套建设小型水利水保，在生态茶园、坡改梯工程中，配套建设作业便道6km，小水池18口，沉沙池18口，引水渠 0.6km，溪沟治理 0.87km，提高区域土地生产力。

4. 案例成效分析

通过三年综合治理，流域内植被覆盖率达到 42%，比 2008 年提高了 1.5%。蓄水池、引水渠、溪沟治理、田间便道、镶边产业路等设施，提高了山区农业生产水平，极大地方便了田间劳作和农产品运输，解决了当地群众出行难、饮水难等问题，单位面积产量增加 10% 以上，实现流域内生态效益、社会效益的协调发展。

5. 适宜推广范围

该模式适宜在区域石漠化严重，以轻度石漠化为主的区域推广应用。

四、经济利用类植被恢复模式

模式背景：在少数民族、偏远山区石漠化土地集中分布区，区域人均可利用土地少，单位面积土地生产力低，对土地依存度较高，经济发展相对滞后。在石漠化土地中存在一定石旮旯地（耕地）及立地条件较好的宜林地，是区域经济发展的重要土地资源。

技术思路：针对海拔相对较低，地势平缓，土层较深厚、交通便利、具备灌溉条件的轻、中度石漠化土地，特别是人均耕地面积相对较大的区域，以生态经济学为理论，以科技为先导，以经济效益为中心，以市场需求为导向，按照集约化经营、规模化生产的思路，选择品质优良、市场前景好、土地适宜性强、群众易接受的名、特、优经济林品种或速生用材林树种，实施"一村一品"的生态经济型产业发展，培育石漠化地区的林果、林药、林饲等特色生态经济品牌，加快石漠化地区经济发展。

建设内容：该模式遵循商品林基地建设思路，在合理保护好现有乔灌木树种基础上，对其他区域进行林地清理，整地尽量规整化或梯土化，提高土地利用率；种植密度以林木正常生长与开花结果为基础，加强后期抚育与管护，防止人畜破坏，促进树木生长与成林；特别强调基肥与后期施肥，合理配置小型水利水保措施，实现林木生长的水肥平衡；对林木进行合理修整枝，提高单位面积产量与合理利用光照与水肥条件，提高单位面积经济效益。主要经果林树种有花椒、李子类、桃、梨、苹果、油茶、核桃、金银花、杜仲、岩桂等；用材树种主要有竹类、松类、任豆、木豆、喜树、苏木等；薪炭林主要有栎类、车桑子、任豆等萌芽能力强、热量高的优质高效乔、灌木树种。

适宜区域：该模式适宜于干热河谷、低中山、丘陵地区，以岩溶槽谷、岩溶高原、峰丛洼地、孤峰残丘、岩溶丘陵的山体下部、地势平级、立地条件较好的轻、中度石漠化土地。

案例 1：贵州黔中低中山经济型治理

1. 自然条件概况

该治理区位于贵州省遵义县松林镇，海拔大多在 1000m 左右。砂页岩呈条带状分布在岩溶山地丘陵和峰丛山地之间，由于河谷切割较深，高原面已逐渐破碎，石漠化土地呈带状分布。属中亚热带湿润温和气候，冬无严寒，夏无酷暑，雨量充足，云雨日多，日照少，空气常年湿润，年平均气温14~16℃，年降水量1100~1300mm。马尾松、桦木天然林及马尾松、杉木人工林分布较广，生产力较低。区内人口密集，交通便利，经济比较发达。

2. 治理思路

按照适地适树的原则，把防护林体系建设与群众的脱贫致富紧密结合起来，充分调动群众植树造林、发展林业产业的积极性，加快生态环境与经济建设步伐，构建和谐岩溶环境。

3. 主要技术措施

①树种：可选择树种有杉木、马尾松、杜仲、黄柏、刺槐等。

②造林：冬季整地，春季植苗造林。山坡上部，保留原生植被，块状整地按1.5m×1.5m的株行距栽植1年生马尾松裸根苗，栽植穴的规格为35cm×35cm×30cm；坡中部及下部，带状整地，带宽1.0~2.0m，按2.0m的株距用1年生杉木苗与杜仲或黄柏混交，栽植穴的规格为40cm×40cm×30cm。

③抚育管理：造林后连续抚育管理2~3年。造林当年松土、除草1~2次，第2年起每年抚育、松土2次。经济林要结合抚育进行施肥与修枝整形，同时搞好病虫害防治工作。

4. 案例成效分析

在对遵义县湘江、乐民河水源头进行综合整治的工作中，本模式取得了明显的生态效益和经济效益。营建的生态经济型防护林既改善了当地的自然环境，成林后可为当地提供自用材或药材，可改善当地群众的生活水平，群众乐于接受。

5. 适宜推广区域

本模式适宜在黔中地区各县及与本区条件类似的地方推广应用。

案例2：贵州毕节田冲小流域大户承包种植经果林治理

1. 自然条件概况

该治理区位于贵州省毕节市田冲小流域东南面，属长江流域乌江水系。流域总面积20.11km²，水土流失面积9.66km²，涉及梨树镇梨树、二堡2个行政村和鸭池镇的甘堰、营脚、头步、庙脚、甘海子5个村，总人口9101人，全部为农业人口，农业劳动力5240个，人口密度453人/km²，人均耕地2.1亩，年粮食产量335.94万kg，人均产粮369kg，农业总产值1860.19万元，村经济总收入2476.98万元，农业人均纯收入1806元，经济发展滞后，贫困面较大。

2. 治理思路

针对传统经果林种植模式存在的问题与不足，毕节市在田冲小流域经果林种植上积极调整思路,大胆探索和创新,探索出了条符合地方实际的经果林种植模式。具体做法为:引进大户参与水土流失治理,鼓励干部职工集资入股参与建设,出资租用农民土地栽植经果林,经果林种植和管护所需劳动力优先雇用出租土地的农民,并按实际发生工作量支付劳动报酬,在租期内经果林产权归大户和干部职工所有,按股份进行利益分成,农民不参与分红。经果林栽植、苗木采购、后期管护、市场销售等全权委托大户进行管理,并接受股东的监督。

3. 主要技术措施

①引入大户承包治理,调整了经果林产权关系,权责利挂钩,管护重心下移到大户身上,从根本上解决了传统种植模式经果林管护的老大难问题。

②大户专业化的种植、管理和经营,对建成规模化、高标准经果林示范基地提供了保障。

③鼓励干部职工入股,扩大融资渠道。

④就地雇用农民工进行种植管护,解决了农村劳动力问题,促进了农村经济发展。

⑤经果林集中连片规模化经营,实施经果林中套种药材、农作物,提高了土地利用率,降低了生产成本。

4. 案例成效分析

①治理前效益:治理前,农户一年内在山坡地中主要轮流种植玉米、萝卜等农作物,其年收入550元/亩,其中纯收入150元左右。

②治理后效益:农民出租土地给大户后,每年每亩租金为400~600元,其劳务收入有近400元/亩,则农民1亩地每年共收入800~1000元,农民增加纯收入达250~450元。

③该片经果林于2007年下半年栽植。1亩经果林苗木、种植、管护、运输等需投入720元(含造林苗木费),亩产水果2200kg,折合人民币4400元,纯收入3100元,一年内在经果林中套种蔬菜和中药材、在林下种草养畜等每亩可获纯收入1500元。1亩土地水果和以短养长项目纯收入共计4600元/年。大户和农民在经济效益上实现了双赢。通过综合治理,小流域林草覆盖率由治理前的13.1%提高到45.6%,年拦蓄泥沙量3.07万t,年蓄水能力25.78万m^3,生产生活条件得到极大改善,流域区内取得了明显的生态、社会、经济效益。

5. 适宜推广区域

适宜在石漠化地区土地相对集中、交通便利的城镇周边区域推广。

案例3:贵州贞丰花椒经济型治理

1. 自然条件概况

该治理区位于贵州省贞丰县北盘江镇顶坛片区,属生态系统脆弱的岩溶地貌区,地处北盘江南岸的河谷地带,最低海拔565m,最高海拔1432m,地形自西南向东北倾斜,切割较强，耕地零星破碎，碳酸盐广泛分布，水源奇缺，气温时空分布不均，5~10月降雨量占全年总降雨量的83%，海拔850m以下为南亚热带干热河谷气候，900m以上为中亚热带河谷气候。岩溶地貌特征明显，95%的面积为石旮旯地，是贞丰县有名的高温石灰岩河谷地带。恶劣的环境、贫瘠的土地，治理前片区内95%的人长期靠吃救济粮和返销粮度日，曾经有17户人家因无法度日而迁走他乡。1990年以前，该片区人均粮食不足100kg，人均经济收入不足200元，是全县最贫困的地区。

2. 治理思路

1992年，贞丰县提出"因时因地制宜，改善生态环境，依靠种粮稳农，种植花椒致富"的治理思路，决定在顶坛片区发展花椒生产。石灰岩土壤具有一定的肥力，但保水性差，土壤干燥。种植根系发达、枝繁叶茂、耐干旱的经济树种——花椒，能实现地表快速覆盖，达到涵养水源和保持水土的作用，同时花椒是一种调味品，在贵州、四川、重庆深受欢迎，市场前景光明，能帮助群众脱贫致富。

3. 主要技术措施

①品种选择：选用当地竹叶椒、小红袍等优良品种，保证花椒品质。

②苗木：进行人工分段培育壮苗，选用一年生实生苗，苗木高度40cm以上可出圃。

③整地：采用鱼鳞坑整地或穴状整地，种植穴规格以40cm×40cm×30cm为宜，造林前1个月左右完成整地。

④造林技术：通常在雨季造林，栽植穴朝下坡外缘用石块砌成挡土墙，种植密度80株/亩。

⑤抚育管理：造林后每年应进行松土、抚育、培土，以小块状为主，规格为1m×1m，第2年开始定期剪枝、施肥、防治病虫害，实行集约化经营。

⑥强化科技规范种植，科技应用和推广是提高产品产量和品质、提升产品市场竞争力、形成特色产业的关键。在培育过程中，及时引进优良品种或种源，推广先进的栽培技术，实现高产高效。

4. 案例成效分析

模式区通过建立花椒基地，极大地改变了该片区过去以玉米为主的单一的农业生产方式。目前，该片区95%以上农户都种上了花椒，户均种植花椒5亩以上，该片区的花椒产值达3000多万元，农民年人均纯收入已达5000多元。银洞湾村罗泽亮一家种植60多亩花椒，年均收入达6万多元。到2008年年底，仅花椒一项，年收入超过5万元的人家有70多户，全县花椒总产值已达9000万元，并形成了"顶坛花椒"品牌。据贵州省科技厅石漠化治理科研组统计，该片区水土流失防治率达94%，土地石漠化治理率达92%，森林覆盖率达70%，昔日基岩裸露的银洞湾村，被授予"全国绿化千佳村"称号，成为我国石漠化地区治理的成功典范。

5. 适宜推广区域

本模式适宜在贵州干热河谷花椒适栽的石漠化区域推广。

案例4：贵州贞丰石漠化土地李子经济型治理

1. 自然条件概况

该治理区位于贵州省西南部的贞丰县白层镇岩方片区、珉谷镇放牛坪片区、平街乡顶岸片区，属典型的亚热带地区，光照充足、热量丰富、雨量充沛、雨热同季。地貌构造以喀斯特山地为主，山高坡陡，平均海拔1000m。由于大面积开荒，植被遭受破坏，水土流失严重，导致该区域石漠化程度日愈加深，生态环境日愈恶劣，群众生产生活条件更加恶化，生活极为贫困。

2. 治理思路

"冰脆李""四月李"为当地李树品种，不仅甘甜爽口，成熟季节早，耐贮藏运输，非常适合石漠化地区生长，而且能较快覆盖地表，实现了生态效益与经济效益的有机统一。

3. 主要技术措施

主要以石漠化土地为造林地块，采用穴状整地，并施农家肥做基肥，每穴施肥量3~5kg；采用一年生裸根苗造林，每亩60~100株，栽做到苗正根舒，适当深栽，分层添土、踏实，种植穴上用石块、枯枝落叶或塑料薄膜覆盖；每年要采取松土、抚育、培土、追肥和修枝等措施。

4. 案例成效分析

利用本地原生"冰脆李""四月李"等优秀品种，在白层镇岩方片区、珉谷镇放牛坪片区、平街乡顶岸片区推广李子栽植模式，推广面积在2008年年底已达到8000多亩，2010年已达10000亩。原来穷得叮当响的岩方村一跃成为白层镇的首富村，人均收入较2000年翻了三番，成为全县有名的"李子村"，实现生态效益与经济效益的双赢。

5. 适应推广区域

本模式适宜在黔西南州类似区域推广。

案例5：贵州贞丰石漠化土地用材林治理

1. 自然条件概况

该治理区位于贵州省贞丰县，岩溶地区山坡中下部、丘陵地区，基岩裸露率30%~70%，岩层倾斜，局部土被条件与水热条件较好的石旮旯地边缘或轻度、中度石漠化土地。

2. 治理思路

选用生长快、根系发达、主根长、干形好、喜钙、耐瘠薄等的生态型经济树种，种植后既能绿化石漠化山地，又能为当地群众解决用材问题，促进农村经济发展。

3. 主要技术措施

①树种选择：选用香椿、苦楝、柳杉、侧柏、山合欢、朴树、榆树、冬青、任豆、女贞、皂荚、香叶树等用材树种。尽量使用营养袋苗造林，实施小面积块状混交。

②整地：提倡不炼山，不全砍，采用水平阶、鱼鳞坑或穴状整地，尽量保留原有岩溶植被。

③水保措施：在穴外围用石块或心土砌挡土墙，在两侧修集水沟，防止形成新的水土流失。

④种植密度：以每亩栽植120株左右为宜，可根据不同树种生长特性合理确定。

⑤后期管护：造林后第2年开始抚育，连续抚育3年。香椿要注意保护好主梢，防止空心。

4. 案例成效分析

所选树种均在石漠化区域适宜生长，根系发达，生长较快，持水保水功能良好，且干形好，材质佳，色泽光亮，是做家具、建筑的良好材料，生态、经济效益俱佳，深受群众喜爱。

5. 适应推广区域

本模式适宜在贵州岩溶地貌发育的中、轻度石漠化区域推广。

案例6：贵州关岭喜树经济型治理

1. 自然条件概况

该治理区位于贵州省关岭县，碳酸盐分布广泛，岩溶发育，主要成土母岩为白云岩和石灰岩，主要土壤为石灰土，山高坡陡，基岩裸露度高达60%~90%，石漠化程度深，水土流失严重，生态环境十分恶劣，属中亚热带季风湿润气候，年均气温16.2℃，年均降水量1200mm，是贵州省降水中心。模式区属少数民族聚居区，经济发展滞后。

2. 治理思路

喜树是岩溶地区的适生树种，其为落叶乔木、深根性树种，适应性强，生长迅速，树形美观，能加速石漠化土地的恢复，是集生态、经济效益于一体的生态经济型树种，通常营造纯林。

3. 主要技术措施

①采种：6月开花，11月果熟，果实由青绿色变为黄褐色，要及时采集；采回后晒干种子，筛选去杂进行干藏。

②育苗：为保证发芽整齐，建议采取浸种催芽，注意发芽率仅70%左右，苗期怕旱，喜肥湿，注意定期施肥与浇水；一年生苗高达60~80cm，可出圃定植。

③整地：穴状整地，根据土被情况"见缝插针"式挖穴。

④造林：在早春雨后采用1年生裸根苗造林，为提高成活率，建议采用截干造林，

截干造林不宜深栽，比苗木原土痕深3~5cm即可，截干露头以2~3cm较好，初植密度80株/亩。

⑤抚育管理：补植或秋季造林可采用当年生容器苗；在造林后3年，每年进行1次抚育，以松土和除草为主。

4. 案例成效分析

喜树生长迅速，树干高大通直，树形美观，树冠宽阔，枝叶茂密，肥土能力强，涵养水源效果好。另外，喜树叶可做绿肥，果、叶、树皮、根含有喜树碱，是一种抗癌药物；木材结构细密，材质轻，可作包装箱、胶合板和用于造纸工业等，具有显著的生态效益和经济效益。

5. 适宜推广区域

该模式适宜在贵州大部分亚热带石漠化地区推广。

案例7：贵州安龙德卧金银花经济型治理

1. 自然条件概况

该治理区位于贵州省西南部安龙县德卧镇大水村，岩溶地貌发育，由于自然因素和人为破坏，基岩大面积裸露，土地退化，生态环境恶化，到处都是石漠化土地。在20世纪90年代，全村耕地均为石旮旯地，基岩裸露度超过50%，石漠化问题突出，严重缺水，群众生活极端贫困，1997年人均纯收入仅为400多元，人均吃粮不足200kg。

2. 治理思路

金银花属藤本植物，其枝叶覆盖面积大，可起到保持水土，涵养水源的效果，生态效益好。另外，金银花是一种用途广泛的中药材，可增加农民的经济收入，有利于农民脱贫致富。特别是本地黄褐毛忍冬，生长快，抗逆性强，花期集中、产量大。

3. 主要技术措施

根据土壤分布状况确定栽植株数，采取"见缝插针、见土补植"的方式，以150株/亩为宜；在保留原有植被的前提下，鱼鳞状（穴状）整地，在穴周围修建集水沟和土埂，并施农家肥5.6kg/亩（或磷肥20kg/亩）；1年生扦插苗，地径0.4cm以上、苗高30cm以上，育苗期间可采用ABT生根粉浸泡处理郁闭前每年除草1次，并且适当进行修枝；造林后2~3年内每年追加复合肥1次，施肥量23kg/亩；划入封山管护范围；大力发展沼气池和节柴灶，节约薪材消耗。

4. 案例成效分析

金银花4~5年可基本实现地表覆盖，按1亩喀斯特山地可以种植70棵金银花，每棵金银花植株可涵养水分约200kg计算，1亩金银花可涵养水分14t，20万亩金银花可以涵养水分280万t。安龙县石漠化地区森林植被由原来的41%提高到70%，净增了29个百分点，水土流失比过去下降45%，80%以上的土地石漠化得到进一步治理，有效地减少水土流失，并改变小生境，提高土壤肥力。金银花产量可达120kg/亩左右，按5元/kg计，收入可达600元/亩，经济效益可观。2008年，安龙县已种植金银花14万亩，2万亩进入花期，产干花460t，创产值1840万元。预计到2010年，安龙将有6万余亩金银花进入盛花期。按现行价格计算，年可创产值6000万元。仅此一项，全县农民人均纯收入可增加150元。

5. 适宜推广区域

该模式适宜在金银花适生区推广应用。

案例8：贵州低中山河谷木豆为主的经济型治理

1. 自然条件特征

该治理区位于贵州向广西低山丘陵过渡的斜坡地带，海拔多在800~1300m，属珠江流域南盘江和北盘江水系，年均降水量1300mm，年均气温16.5℃，干热河谷气候特征明显，岩溶地貌广布，土壤以山地黄棕壤和黄壤为主，多为石旮旯土地，石漠化特征典型。

2. 治理思路

根据该地岩溶地貌广布的特点，选用生长快、适应性强、根系发达、适宜作饲料的木豆树种，通过采取与香椿、喜树等混交的方式营造生态林，达到快速恢复植被，推进畜牧业发展的目的。

3. 主要技术措施

选取1号或2号木豆种子在石漠化耕地进行直播造林，株行距2m×1.5m；或用木豆百日苗上山造林，造林密度以每亩222~333株为宜。播种时先浸种12h，捞起晾干即可播，播种规格：用作粮食收籽粒，或用青荚做蔬菜，其规格可以适当疏播，株行距2m×2m；用作采制青饲料可条播，株行距1m×1m，提高单位面积饲料量。播种后及时喷除草剂控制杂草，用乙草胺效果较好。播种时施复合肥10kg/亩或农家肥100kg/亩，用作基肥。在土层较深厚或地埂边种植分枝较少、枝叶稀疏的香椿、喜树等高大乔木树种，种植密度不超过30株/亩，确保木豆生长的光热条件，并为木豆起到庇荫作用。

4. 案例成效分析

种植木豆投资少、见效快，是石旮旯耕地石漠化治理较为理想的模式。种植木豆，每亩只需种子费1.7~2元，播种后6~7个月即可收获，1次播种可收获5~6年，年均产豆粒200~300kg/亩，产值可达400~600元。木豆籽可食用，木豆的嫩枝绿叶中含粗蛋白15.28%，中性纤维36.53%、酸性纤维32.83%、粗脂肪4.0%，灰分7.5%。木豆产青饲料达1000~1100kg/亩，是牛、羊、兔等牲畜的天然优质饲料。

5. 适宜推广区域

本模式适宜在贵州年均温16℃以上，海拔1200m以下的干热河谷地带推广。

案例9：贵州平塘县苗二河新寨"十里桃园"

1. 自然条件特征

平塘县苗二河乡新寨村"十里桃园"发展模式。新寨村位于有"玉水金盆"美誉的平塘县城东北部，距县城5km，平墨公路穿境而过。全村辖14个村民组，人口2320人，556户，总面积9.44km²，人均田土面积不足0.7亩。但荒山荒坡多，人均土地面积10多亩，气候优越，热量丰富，雨量充沛，无霜期长，年平均气温15~18℃，无霜期312天，年平均降雨量1259mm，十分有利于各种经济果木林的发展。全村石漠化程度不深，以潜在石漠化为主。

2. 治理思路

因地制宜，调整产业发展规划、明确主攻目标。1985年，该村开始寻找产业结构调整之路，把种桃子作为发展目标；领导带头、示范先行。村支部委员带头，并发动部分党员群众每人拿出1亩地来试种；辐射带动，壮大规模。1988年领导带头试种的桃子开始挂果，并且每户有了1000多元的收入，从那以后，大部分群众开始接受桃子种植，到1992年，全村有2400多亩桃树挂果，开始形成规模效益，仅桃子收入全村就达80多万元。

3. 主要技术措施

①科技支撑，引领跨越：为了适应市场的需要，他们不断改良桃子品种，并进行种植规划，走"一组一特"的发展之路，积极开发葡萄、梨子、桔子等新品种种植，形成以"桃树为主、葡萄、梨子、桔子并进"的果林村，并发展了林下养殖、林下种菜等多种庭院经济模式，如满弓组发展以种植葡萄为龙头的庭院经济，已从原来的30亩发展到现在的70余亩，现该组已产生经济效益的葡萄有30余亩，总产值达9万余元，户均4500元。

②做成品牌，良性发展：树立培植"十里桃园"村寨品牌，带动观光农业的兴起和村容村貌、基础设施的改善，夯实了乡村可持续发展的根基，形成良性循环格局。

4. 案例成效分析

2005年平塘县新寨村桃树林面积达到6000余亩，已产生效益的有3500亩，基本实现人均3亩果林的目标，这些果林的销售给新寨的群众带来200多万元的收入。全村人均纯收入达2300元，人均增收166元，收入中60%以上来自果树种植。新寨村被誉为"十里桃园"。全国绿化委员会授予的"全国绿化造林千佳村"，贵州省委、省政府授予的"文明村"。

5. 适宜推广区域

适合在人均基本农田面积小、但荒山荒坡面积大，气候适宜，以潜在石漠化为主的地方推广。

五、草畜平衡畜牧发展模式

模式背景：石漠化区域气候温暖湿润，雨量充沛，雨热同季，草地资源较为丰富，生产力较高，区域群众具有饲养牲畜的传统习俗，但以放养为主，易导致地表草地板结、基岩裸露增大，加速了土地石漠化。草地极少开展人工培育，增产潜力巨大。目前石漠化区域黑山羊、黄牛等人工种草、圈养模式已大获成功，实现了石漠化土地生态修复与农村草食畜牧业的协调发展。

技术思路：以市场为导向，重点解决人地矛盾，在严格执行"草畜平衡"制度下，尊重农村群众意愿，综合考虑石漠化地区自然资源、石漠化程度等因素，结合区域内农业生产发展方向和土地利用规划，按照草畜平衡与生态优先的原则，以人工种草与牲畜圈养为突破口，采取"政府引导、业主运作、以场带户、利益共享"的运作机制，通过建设人工种草、改良现有草地，提高草地产草量，确保牧草资源的供给；通过棚圈建设，改变当地农民放养牲畜习惯，改野外放养为圈养，减轻牲畜对地表植被的破坏，确保石漠化地区的林草植被修复，遏制石漠化土地扩展。充分利用草地资源以及农作物秸秆资源，调整畜种结构，改良品种，完善棚圈等基础设施，配置青贮窖与切草机等，加快草食畜牧业发展，促进农村经济结构调整，推动生态经济的有序发展。从而实现治理石漠化土地与农村经济协调发展。

建设内容：包括草地（场）建设与畜牧业发展两部分。草地建设主要包括人工种草和改良草地。保护好地势平缓、基岩出露率较低的中度、轻度石漠化地区的原有天然草地植被，通过草地除杂、补播、施肥、围栏等措施，使退化了的天然低产劣质草地更新为优质高产的草地。依托石旮旯地、宜地荒地等土地资源，选择优良牧草种，按照高效牧草培育技术，建设人工草场，为草食畜牧业发展提供优良牧草。草种选择抗旱、适生能力强、根系发达、分蘖力强、生长迅速、耐割、再生能力强、保水保土性能好的优良牧草，如黑麦草、三叶草等。

适宜区域：该模式适合在海拔较高，气候温和，地势平坦，天然草地资源丰富的岩溶高原区域；或在人口密度较大，人地矛盾突出，耕地质量差的轻、中度石漠化的岩溶山地进行推广。

案例1：贵州桐梓官渡河流域人工种草养畜治理

1. 自然条件概况

该治理区位于桐梓县茅石、燎原、娄山关镇官渡河流域，属黔北山地与四川盆地衔接地带的中山峡谷区，岩溶地貌景观突出，成土母岩以石灰岩为主，石漠化土地分布相对集中，治理前有石漠化面积11000亩，以耕地、未利用地为主。属中亚热带高原季风湿润性气候区，年均温14.6℃，年平均降雨量1038.8mm。夏季降水量最多，冬季降水量最少，呈冬干夏湿现象。模式区涉及3个乡镇8个村13302人。

2. 治理思路

桐梓县境内岩溶地貌突出，山高坡陡，水土流失严重，制约着该县经济的发展。为遏制石漠化蔓延，加速林草植被建设，选择在荒山荒坡上进行人工种草，配套建设棚圈等基础设施，依托牧草资源发展畜牧业，打造黔北石漠化治理的新路径。

3. 主要技术措施

①草种选择：依据生态建设与草食畜牧业发展相结合的原则，牧草品种选择能改善土壤的物理性状、水文效益、渗透速度、茎叶截雨量、根系密度，具有生物量和经济效益高，生长迅速，覆盖面大，抗逆性强，营养丰富的多年生牧草。如"雅晴"多年生黑麦草、"游客"紫花苜蓿、"歌德"白三叶等。

②草种："雅晴"黑麦草可与紫花苜蓿、白三叶等豆科牧草混播。3种牧草混播播种参考量为黑麦草1.5kg/亩、紫花苜蓿0.5kg/亩、白三叶0.2kg/亩。

③整地：精细整地，土壤翻耕及平整处理，犁好厢沟，清除周围障碍、杂草，以利于表层排水，空气流通，阳光穿透。整地时要施足底肥（厩肥、清粪水和复合肥）。

④种子处理：采用50℃温水浸种3h，沥干水分，对紫花苜蓿进行根瘤菌接种后，把3种牧草种子用10倍细沙或煤灰混合均匀备用。

⑤播种：为便于田间管理，一般播深2cm，具体深度还要视墒情、土质、整地等灵活掌握，其变幅不宜过大。在播种时做到"一平、二净、眼观、三紧三慢三猛、一掂"的要求。

a. 专用草地。种床平整细碎，计算用种量和用灰量，分2~3次均匀撒播，播后用竹扫帚在播种面上轻轻拖动，或用重物镇压，使草种和土壤充分结合，以利种子发芽和根部生长。在人工造林地或经济林地，规划出3m宽东西向的条状区域，留1m作造林用，余下2m作为人工种草地。

b. 粮草间作。采用宽厢宽带，一律按东西走向266.7cm开厢，再划分为83.3cm和183.3cm两种标准带幅（又称窄带和宽带），窄带种植玉米，宽带种植牧草。

⑥田间管理：加强田间管理，草种出苗快，幼苗活力高，分蘖能力强，每次刈割后要松土、施追肥；在分蘖期、拔节期、抽穗期以及刈割后及时灌溉，保证水分供应，促进再生。

⑦利用：如放牧利用，在草丛高20~30cm时可进行放牧；如刈割利用，可调制干草、制作青贮饲料，禾本科草应在抽穗前刈割为好，豆科草在孕蕾至初花期刈割，一般留茬高度不低于5cm。

4. 案例成效分析

模式区在试点期间治理石漠化面积10530亩，治理率达95.8%。其中完成人工种草6225亩，建设棚圈305m，购置饲草机械30台，建设青贮窖提高牧草利用效能。该模式能增加土壤肥力，提高养分，保持水土等功能。按照5~6亩可承载1头肉牛，0.45~0.75

亩可承载1头羊计,为农村畜牧产业发展提供了充足原料。同时,人工种草产业链长、环节多、产业化程度高,扩大了就业机会。近年来,是生态治理和发展特色经济的一个重要方式。

5. 适宜推广区域

该模式适宜在轻、中度石漠化地区推广。

案例2:贵州晴隆草地畜牧业

1. 自然条件概况

晴隆县江满、火把、孟寨等村,属典型的亚热带季风性湿润气候,喀斯特地貌发育,以中低山为主,荒山荒坡面积大,石漠化较严重,土壤有石灰土、红壤、黄红壤,人均耕地约0.7亩等。

2. 治理思路

贵州自然生态环境受现代工业污染影响较轻,发展生态畜牧业—绿色有机食品条件优越,在海拔高、污染少、地势比较开阔、草地(包括可改造成的人工改良草地)集中连片的地区发展草食性畜牧业不仅可以优化农村产业结构,增加农民收入,而且对于增加喀斯特地区的林草覆盖、绿化美化喀斯特荒山荒坡、防治水土流失、治理石漠化有重要意义,是喀斯特山区生态经济型产业发展的新路子,有广阔的发展前程。

3. 主要技术措施

从2001年起,晴隆县委、县政府根据晴隆县草山资源丰富,但耕地石漠化严重的现状,充分发挥县、乡镇、村三级基层党组织作用,带领广大群众合力推动草地畜牧业健康发展,积极争取到波尔山羊科技扶贫项目的试点建设,在陡坡喀斯特山区开展人工种植优质牧草,养殖优质肉羊,并以此为突破口辐射带动全县草地畜牧业的发展,推动农业产业结构调整,促进农民增收。依托农民夜校、远程教育站点和县草地中心的技术培训和指导,开办种草养羊实用技术培训班,建立"中心—乡镇—协会—农户"的畜牧养殖技术及病害预防体系。同时抓好党员示范户工作,选择示范基地中相对年轻、有一定知识和有耕地或荒山的党员重点进行扶持,鼓励、引导他们同草地中心签订协议,探索养羊分成模式,实现农户和政府的合作双赢。

4. 案例成效分析

经过多年的努力,在晴隆县各级基层党组织和广大党员干部的发展带动下,该县完成优质牧草种植10.6万亩,改良草地5.3万亩,建成31个种草养羊示范点。3个育肥场,2个育种基地,1个胚胎移植中心,25个肉羊生产点覆盖14个乡镇68个村,受益农户10086户4万余人,羊存栏11.8万只。在发展草地养羊业中,该县还创造出"四六分成""对等投资对半分成""借贷发展""外商独资""集资入股"等5种模式。晴隆优质杂交羊远销北京、香港等地,全县养羊农户年收入最少3000多元,最多达4万元。逐步实现由"输血式"扶贫方式向"造血式"扶贫方式的转变。

5. 适宜推广区域

该模式可在大部分中高海拔喀斯特荒山荒坡及石漠化地区推广，但在畜牧及饲草品种选择上，应根据市场需求变化及土地适宜性状况。

六、小（微）型水利工程治理模式

模式背景：岩溶地区降雨量充沛，但雨季分配不均，且岩溶作用形成的双层水文结构，地下水资源较为丰富，导致"地表水贵如油，地下水哗哗流"。此外，岩溶区域水利设施建设滞后，水资源可利用率低，季节性缺水突出，旱涝灾害频繁，农业生产缺乏保障，土地生产力低，群众通过广种薄收来保证粮食供给，导致土地石漠化程度加剧，扩展加快。

技术思路：遵循岩溶地质学、可持续发展理论，合理开发利用岩溶地区的水资源，保障农村生活与生产用水，提高农业综合生产能力，减少石漠化土地（石旮旯地）的耕作面积，降低扰动强度，防治土地石漠化与程度加剧。岩溶地区水资源合理开发利用主要有3个途径。一是通过屋顶集雨和拦蓄坡面水、地表径流等方式，收集雨水，修建水窖、水池等贮水设施，在贮水设施中安装水管或渠道形成简易自来水。二是开发利用岩溶地下水和基岩裂隙水，通过泉水（地下水）—提水工程、引水管（渠）—水池（水窖）—管网输出—人畜饮用及部分农田灌溉，实现水资源的合理利用。三是采取工程节水和生物节水措施，发展节水灌溉农（林）业，降低单位面积水资源消耗，建立节水型社会。根据石漠化区域农地或经果林地的水资源实际与经营实际需要，进行科学灌溉，提高农（林）业生产经营水平，保障农（林）业的可持续发展。

建设内容：根据石漠化地区现有水利水保基础设施，以保障农村农业生产生活用水为发展目标，对现有小型水利水保设施进行修整与完善，充分发挥现有水利工程效能，实现其设计目标；针对缺乏水利设施区域，主要采取低成本表层岩溶水资源开发与调蓄技术，建设集雨、集流、提水和水井工程，包括水窖、蓄水池、提灌站、渠道、拦水坝、引水管网等蓄引水设施，配以保水剂、喷灌、地膜覆盖等节水保水措施，改善当地群众的基本生存发展条件，为农业、林业、畜牧业的发展提供水资源支撑，提高土地生产率。

适宜区域：该模式可根据石漠化区域岩溶水资源特点与农业生产经营实际在石漠化区域进行推广应用，特别是石漠化耕地（石旮旯地）集中分布大多地少，水资源匮乏，人畜饮水困难的岩溶洼地、岩溶谷地等村寨区域。

案例 1：贵州省黄平县岩英河小流域马桥上渠道整治

1. 自然条件概况

模式区东起谷此镇里长、板细、加乡、山保等村分水岭，西至翁坪乡用生的新街王家牌等村分水岭，南与前坪乡自选村相连，北接乱求中寨的主山脊。该小流域主要位于谷陇镇境内，行政区域包括谷陇镇的黄泥、双山、板细、岩英、谷陇，翁坪的犀牛、白洗、满溪、王家等行政村，流域总面积7.4万亩，水土流失面积21450亩，规划治理面积1430km^2，总人口16117人，劳动力4818人，贫困人口2274人（贫困人口占总人口的14.1%），粮食总产量27151t，人均纯收入933元。外出务工人数1558人，其中男性751人，占总务工人数的48.2%，民族构成主要为苗族。黄平县岩英河小流域香马桥上道堰引水渠渠道位于黄平县谷陇镇西面，距谷陇镇5km，距黄平县城32km，设计灌溉面积480亩，目前仅能保证60%的土地的灌溉。该小流域人口密度为324人/km^2。

2. 治理思路

本着方便安全、经济合理、施工管理便利、运行成本低的原则对原有引水渠渠道进行防渗处理，提高水资源利用率和土地生产率；按照节水灌溉经验，采用"薄—浅—湿—晒"的节水灌溉制度，提高水资源利用率，增加粮食产量。

3. 主要技术措施

渠道引水水源位于岩英河小流域谷陇镇小河，小河流域面积18.5km^2，多年平均流量为0.4m/秒。该引水渠原渠道为土渠，已完成防渗整治长度600m。本次治理重点对2650m土渠进行三面防渗处理，对渠道底部进行清淤，保证设计流量；对渠道表面采用石块、混凝土进行加固，防治渗漏；对排水闸门进行维护，合理控制水流量，确保石漠化区域农田得到灌溉。

4. 案例成效分析

渠道防渗工程完工后，模式区农田得到有效灌溉，灌区内种植水稻作物增产100kg/亩，农民每亩纯收入由治理前的410元提高到治理后的630元，每亩纯净收入为220元（冬季种植油菜、马铃薯忽略不计），折合岩英村香马桥上道堰引水渠工程每年纯净收入为10.56万元，而岩英村香马桥上道堰引水渠工程总投资为12.70万元，1~2年就可以收回国家投资，经济效益显著。

5. 适宜推广区域

该模式适宜在原有渠道渗漏严重的石漠化区域进行推广。

七、沼气发展模式

模式背景：薪材采伐导致林草植被大面积破坏，是石漠化扩展的重要因素。如何解决农村生活能源短缺问题，是保护林草植被与加速岩溶生态环境建设的重要课题。自20世纪80年代开始，在石漠化区域推广农村沼气解决农村生活能源短缺问题，对岩溶生态环境建设起到积极作用，深受广大群众的喜爱。

技术思路：本模式实施以沼代薪，减轻对岩溶地区薪材需求的一种典型生物链综合开发模式。通过建设沼气池，利用秸秆和人畜粪便，获得清洁而便利的沼气能源，沼液作肥料，用于种菜、种粮、种果，实现能源、畜牧、林果、粮食等生态农业综合发展，既解决了农村能源问题，发展了农村经济，又减少了森林资源的破坏，达到防止土地石漠化目的，实现林草植被修复与社会经济的可持续发展，主要有"椒—猪（牛）—沼""草—鹅—沼""草—牛—沼"等生态农业模式。

建设内容：根据《户用沼气池标准图集》（GB/T 750—2002），沼气池主池容积以 $8\sim10m^3$ 为主，目前推广应用较多的主要有曲流布料水压式、底层出料水压式等沼气池型。同时实施畜舍改建，根据沼液的利用方式，开展花椒种植、经济林木种植、牧草种植与畜禽养殖等，形成完整的生态产业链。

适宜区域：具备建设沼气池的所有石漠化区域均可推广与普及，根据不同区域的自然地理气候与产业发展实际，选择合适的林草植物资源与禽畜品种，构建相对完整的生物链发展模式。

案例1：花江峡谷石漠化综合治理示范区沼气建设模式

1. 自然条件概况

花江示范区位于贵州西南部，关岭县以南、贞丰县以北的北盘江花江河段峡谷两岸，东经105°36′30″～46′30″、北纬25°39′13″～41′00″。北盘江由西北向东南流经示范区，为两县的界河，在此段称为花江。示范区总面积48.19km²，包括8个行政村共50个村民组。南岸包括贞丰县兴北镇的查尔岩、板围、云洞湾、水淹坝4个行政村，面积27.97km²。北岸包括关岭县板贵乡的孔落箐、三家寨、坝山、木工5个行政村，以及五里村的甘二盘、法郎两个村民组，面积20.22km²。

2. 治理思路

建设沼气池，利用秸秆和人畜粪便，获得清洁而便利的沼气能源。沼液可作肥料，用来种菜、种粮、种果，实现能源、畜牧、林果、粮食等生态农业综合发展。把花椒、金银花、核桃、板栗、艳山姜等作为主导产业，推行无公害标准化生产，充分利用产品优势，发展加工产业。依托"一池三改"示范点和新农村建设，以人文景观和民族风情为主要内容，初步形成特色生态旅游产业。这种模式是依据"整体、协调、循环、再生"的原则，通过沼气把种植业、养殖业、加工业及旅游业有机地结合起来，充分发挥沼气的多功能和综合效益，变废为宝，既解决了农村能源问题，发展了生态农业，又减少了森林的乱砍滥伐，减少了水土流失，使生态环境得到了根本性保护。

3. 主要技术措施

① 部分耕地适度推广杂交玉米丰产栽培技术。

② 示范区海拔900m以下，规模种植花椒、艳山姜（砂仁 *Alpinis zerumbet* Pers Burrt et Smith），培育"花椒基地—丰产栽培—产品加工"产业体系。海拔900m以上，规模化种植薄壳核桃（*Carva illinoensis*）、板栗（*Castanea mollissima*）、黄褐毛忍冬（金

银花 Lonicera fulvotomentosa Hsu et S.C.Cheng）；大于 30°的岩溶石山实施封山育林。

③ 修建沼气，解决能源问题，引进优质畜禽养殖，并种植石榴等优质水果，发展生态庭院经济。

④ 采取房顶集雨水、修建水窖、水池等措施开发岩溶水，解决人畜饮水和经济林苗灌溉。

4. 案例成效分析

通过近 20 余年的努力，顶坛片区植被（林冠）覆盖率从 1997 年的 9% 增加到 2015 年的 55%；花椒产量达 10 万 kg，产值达 1580 万元；封山育林 2010.6hm^2，水土流失减轻面积达 1533.3hm^2；人均总收入达到 3335 元/人，核心村人均达 5000 元/人，生态农业示范户达人均 6200 元，富裕户达 4~5 万元/户，形成"椒（经果林）—猪（养殖）—沼（能源）"生物循环的"顶坛模式"，成为石漠化地区治理与开发的典范。

5. 适宜推广区域

干热河谷中、强度石漠化区。

八、生态旅游发展模式

模式背景：石漠化地区有千姿百态的峰林、溶洞、峡谷、瀑布等自然风景资源，保存有丰富多彩的原生态民族文化与少数民族风情，景观资源多样，组合度高，具备发展生态旅游业的基础资源条件。如贵州黄果树、兴义万峰林等景区均是依托岩溶景观资源而成为世界级旅游景区，生态旅游发展潜在巨大。

技术思路：依托石漠化地区优美的自然风景及原生态的民族文化，以生态经济学为原理，以"生态旅游"发展为宗旨，遵循旅游发展要素，强化旅游基础设施与服务设施建设，开展以观光、体验、休闲式旅游项目，挖掘景区发展潜力。对生态敏感区域开展以植树造林、绿化美化为主的生态修复治理，营造景观资源。以旅游开发带动区域社会经济发展，经济发展促进区域生态环境保护与建设，良好的生态环境为旅游发展提供支撑，最终实现区域的可持续发展目标，减少对石漠化土地的直接依存度。

建设内容：根据生态旅游发展的需要，对自然旅游资源禀赋高或生态文化积淀深厚的景观资源进行维护与挖掘，充分展示景观资源价值，完善景区道路、宣传标牌、旅游接待等基础服务设施。设置生态厕所、垃圾箱等环保设施，提高群众与游客的环保意识。种植具有水土保持功能与景观效果的乔、灌、草、藤、花等植物，对石漠化土地实施生态修复，绿化美化景区环境。在平缓地带、土层深厚的轻度石漠化区域以桃、李、梨等为主的经济林果木，开展农业观光体验游；在村寨、道路周边及主要景观周边营造桂花、杜鹃、金银花、月季、枫香、桤木等观花、观叶树种，丰富景区景观资源；在村寨与旅游接待区则按照园林化配置要求，合理配置假山、水景与景观树木等，提高景区的可通达性与亲和力。

适宜区域：该模式适合在自然旅游资源禀赋高、岩溶景观资源突出或原生态民族文化浓厚的各类石漠化区域推广，特别是城镇、重要风景名胜区、森林公园、自然保护区等周边岩溶峰林（丛）、岩溶峡谷、溶洞等自然景观资源突出的区域。

案例1：贵州省黔西县鸭池河小流域生态旅游发展

1. 流域概况

该治理区位于贵州省的中部偏西北部黔西县鸭池河，最高海拔1456m，最低海拔977m，相对高差479m。流域主要出露地层为中生界三迭系下统夜郎组、茅草铺组、中统狮子组和松子坎组岩石为碳酸盐类的石灰岩、灰岩及其他灰岩残积物；地貌复杂多样，以低中山峡谷地貌类型为主。流域属亚热带温暖湿润型气候，全年平均气温14.8℃，多年平均降水量为1006mm，年平均相对湿度73%，无霜期310天。流域内主要成土母岩为碳酸盐类岩石，土壤为石灰土，土层较薄，土被不连贯，保水性能差。小流域现有林草覆盖度55.74%，森林覆盖率为46.28%。小流域岩溶土地面积5.9万亩，石漠化土地面积5.1万亩，占岩溶区面积的89.77%，水土流失严重，使土壤表层受到了严重破坏，石漠化呈现扩展态势。但鸭池河小流域有丰富的化屋基苗族民俗文化、秀美的乌江自然风光等，旅游发展潜力巨大。

2. 治理思路

依托小流域内极具民族特色的"化屋基苗族民族风情园"和山水秀丽的乌江源百里画廊旅游风景区，将石漠化治理与打造乌江源化屋苗族风情旅游精品线有机结合起来，调整农村经济结构、促进农民增收。在石漠化耕地上种植既有观赏价值又具有经济效益的经济林木；在石山和半石山土地上种植具有水土保持功能的常青乔、灌、草、藤、花等植物，在景区范围内大量种植桃、李、樱桃、藤蔓等观花，并对现有林地、灌木林地进行人工促进封山育林加以保护，既为景区增色添彩，又使石漠化得到有效治理，从而改善小流域生态环境。重点发展"农家乐"，减少对石漠化土地的直接依赖，培育鸭池河小流域经济发展的新支撑点。

3. 主要技术措施

在土层浅薄且不具备人工造林的强度石漠化区域，通过利用灌、草、藤、林木的天然下种和萌芽能力，进行封禁培育，逐渐形成乔、灌、藤、草相结合的植物群落。采用全封方式，在封育期内禁止采樵、放牧、挖掘根蔸和树桩以及一切不利于林木繁育的人为活动。对封育地块缺苗少树的高部地段通过局部整地、砍灌、除草等手段以改善种子萌发条件，或补植补播目的树种，逐步实施定向培育。间苗、定株、除去过多萌芽条，促进幼树生长，促进成林更新速率。在有一定土层厚度的中、轻度且具备人工造林的石漠化土地上，以"见土整地、见缝插针、适当密植"为原则，人工营造常绿植物藏柏和景观植物栾树、酸枣等，绿化美化环境。在土层厚度大于40cm且坡度在5~25°，石漠化程度以轻度石漠化为主的耕地上，上层种植与旅游区相点缀的桃、李、梨、樱桃、柑桔等经济林，下层种植矮秆经济作物黄豆、辣椒和绿肥进行混农作业，实行以耕代抚的方式，一方面可以促进农民增收，另一方面提供旅游观花观果资源。同时，重点扶持以农家乐、生态观光等为依托的乡村游，加强旅游接待设施建设，强化村舍周边的生态环境与交通与接待设施，在乌江源化屋苗族风情旅游精品线中打造成重要的旅游景点与休闲场所，加强农村经济结构调整。

4. 案例成效分析

小流域共实施封山育林10530.9亩，营造以藏柏为主的防护林3194.2亩，营造以核桃、桃、李、梨、樱桃、柑橘为主的经济林5560.3亩，一定程度上提高了景区的品质，使旱区不仅集观赏性、生态性、休闲娱乐为一体，而且集观花、尝果、赏景为一体，做到"有花有果、四季常绿、季季有景"。通过几年时间的探索治理，小流域石漠化水土流失情况得到明显控制，生态环境得到有效改善，原来的不毛之地现在被长势良好的林木等绿色植被覆盖，山变青，水变绿。当地农民在有限的土地里从庄稼、林木果品当中获得更多收入，脱贫致富效果明显。

5. 适宜推广区域

该模式适宜在旅游黄金线及具有旅游发展潜力的石漠化区域进行推广应用。

案例2：贵州省织金县裸结河小流域生态旅游发展

1. 流域概况

模式区位于贵州省中西部的织金县官寨乡和纳雍乡境内，距县城24km，面积21.72km²。流域内出露地层为寒武系，岩石以白云岩为主。该区域属亚热带季风性湿润气候，冬暖夏凉，无霜期长，雨量充沛、雨热同季。年均温15.5℃，1月日均温4.4℃，极端最低温-7.4℃，7月日均温25.9℃，极端最高温41.6℃，无霜期268天。年日照时数180h，年降水量1150mm，年平均蒸发670mm。植被以柳杉、松、柏等针叶混交林和黄荆、马桑、火棘等杂灌为主，森林覆盖率43.7%。流域区主要树种有柳杉、柏木、桃、梨子等。小流域均为岩溶地貌，石漠化面积11万亩，占流域土地总面积的34.02%，以轻度和中度石漠化为主。小流域内有国家级风景名胜区织金洞，旅游资源丰富，旅游业已成为区域的重要经济支柱。

2. 治理思路

通过以经果林、生态防护林和生态畜牧业为重点的石漠化治理措施，把石漠化治理与织金洞景区环境绿化、景点建设相结合，从而达到保护和提升织金洞的旅游景观价值的目标，使国家级重点风景名胜区、国家级地质公园——织金洞景区的山更绿、水更清、天更蓝、空气更清新、环境更优美、生态安全更有保障。同时，促进区域经济结构调整，进一步促进乡村生态旅游业发展。

3. 主要技术措施

根据地貌、岩性、坡度、土层厚度四个因素，按照地域差异，采用"综合因子主导因子"法，以地貌（海拔）划分类型区，以岩性划分类型组，以坡度、地层厚划分立地类型，共划分4个立地类型。其中位处缓坡和斜坡，土壤为厚层土、中层土的立地类型，其立地质量较高，生产力较好，可以大力发展经济林。在山脚石漠化耕地采取林农、林草结合模式实施以李、桃、桔为主的经济林，一方面增加土地生产价值，另一方面提高景区观赏价值。位处陡坡和急坡，土壤为中层土、薄层土的立地类型，其立地质量较差，生产力较低，水土流失潜在危险较重，通过人工种植女贞、柏木等常绿树种，使封育区形成乔、灌、草的复层林分，提高其生态功能。在山腰林地种植防护林，营造以桤木、柳杉为主的针阔混交林。位处陡坡和急坡，土壤为薄层土的立地类型，其立地质量较差，生产力较低，对此地段实施人工促进封山青林。同时，结合当地粮食生产安全需求，根据实地情况，综合选择土层厚、取石方便的轻、中度石漠化缓坡耕地进行坡改梯治理，并配套坡面水系工程。模式区完成封山育林70000亩，通过补植补造女贞、柏木等常绿树种，使封育区形成乔、灌、草的复层林分，提高模式区生态功能在山腰的宜林地实施防护林2000亩，在山脚石漠化耕地采取林农、林草结合模式实施经济林1500亩。同时，完成坡改梯工程248亩，砌石埂25条，挖运土石9200余立方米，防止了水土流失；修建排灌沟渠2km、谷坊6座，有效地保护了土地，缓解洪涝灾害的危害；修建小水池和沉沙池各30口，解决当地群众生产生活用水困难；新修田间便道2km，方便了群众生产生活。

4. 案例成效分析

通过石漠化综合治理将增加项目区林草植被10500亩，治理石漠化土地面积$7.16km^2$，林草覆盖率提高11.5%，每年减少土壤侵蚀量2.4万t。林草覆盖率的增加，对调节气候，促进农林牧业生产，减轻自然灾害，蓄水保土有较大的作用。坡改梯的实施，使坡耕地水土流失强度减轻。通过建蓄水池、沉砂池、谷坊、河堤、排水渠等配套设施，起到了保持水土、耕地灌溉的作用，使流域农业生态环境和耕作条件得到极大改善。更重要的是项目区自然环境和生态条件的改善，不仅为农业的可持续发展奠定坚实的基础，而且为织金洞旅游景区提供了良好的旅游资源，加速了农村乡村旅游。从长远来看，治理石漠化是转变农村产业结构，缓解地区人地矛盾，发展地方特色经济的基本要求。同时在项目实施过程中，对项目区群众进行各类专业技术培训，使其熟练掌握一两门实用技术，提高了群众生产技能和管理水平。

5. 适宜推广区城

适宜在具有开发潜力的旅游景区及周边进行推广应用。

案例3：贵州务川县大坪镇龙潭小流域生态旅游产业发展

1. 自然条件概况

模式区位于务川仡佬族自治县的东北部，主要涉及4个行政村17个村民组，总人口7113人，农业人口占总人口的93%，是务川县仡佬族的聚居地，富有历史悠久的丹砂文化和浓厚的仡佬民族风情，被列为全省10个民族村寨之一。小流域土地总面积6.4万亩，全部为岩溶地貌，石漠化土地面积2.34万亩，其中，强度、中度、轻度石漠化面积为847亩、7769亩、和14786.1亩，以轻度石漠化土地为主。小流域内土壤以石灰土为主，耕地面积1.8万亩，以坡耕旱地为主，占耕地面积的69.5%，石漠化耕地比重高；林地面积2.2万亩，占小流域总面积的34.1%，但林分总体质量不高。小流域石漠化形成的原因是人口增长过快，而农村生活能源主要为薪材；草山草坡过度放牧，甚至放火烧山与开垦种地。当地农民对土地依赖性较重，严重破坏了地表植被，导致生态环境恶化，加剧了土地石漠化的形成。2007年底，农民人均纯收入1170元，经济发展因石漠化问题而停滞不前。

2. 治理思路

近几年来，该县积极打造龙潭仡佬文化旅游景区，把石漠化治理与龙潭民族文化旅游、农民增收紧密结合起来，修缮各类古老建筑物，积极提升旅游品质。按照四季有花、四季有果的要求，对旅游区内的石漠化进行造林绿化，在陡坡重度石漠化土地上实施封山育林的措施。在宜林地上因地制宜，筛选经济作物或旅游观光型树种，与旅游环境发展相协调。在治理工程中栽植了板栗、桃子、李子、柑橘和杨梅等经果树20多万株，把从前的光石山变成花果山，并与区域浓厚的文化旅游资源相结合，组合不同的石漠化景观资源。而项目区旅游业的兴起，带动当地农户的增加经营性收入，拓宽了农民收入渠道，切实减轻农民对土地的依赖。

3. 主要技术措施

在实施石漠化综合治理工程中，以生态旅游景观建设为核心，结合项目区实际和资源优势，合理确定治理措施和治理范围，为了防止水土流失、绿化美化旅游环境，模式区内实施封山育林7400亩，人工造经济林2625亩，种植近12万株板栗、2.6万多株桃子、2.8万多株李子、1万多株柑橘和5000多株杨梅，迅速提高石漠化土地植被盖度。同时因地制宜、合理布局各项小型水利水保工程措施，修建田间生产道路10.1km，引水渠7.2km，排涝渠0.47km，增加项目区灌溉面积1050亩，使225亩良田免受洪涝灾害。除此之外，还积极整合农村公路、水利、畜牧产业、沼气、旅游等项目资金1333万元投入龙潭石漠化治理，改善区域基础设施，不仅对项目区石漠化进行了石漠化综合治理，还带动了项目区的新农村建设，打造了适宜旅游的田园风光。

4. 案例成效分析

通过实施石漠化综合治理工程，龙潭小流域发生了翻天覆地的变化，周围的山变绿了，水变清了，人们更有精神了，前来旅游观光的游客也多起来了。实施的人工造经济林，春天桃、李花交相辉映，秋来果实累累，给龙潭仡佬文化村增添了一道靓丽的风景线。实施的田间生产便路穿梭在稻田、经济林和村寨院落间，给游客和当地群众提供了便利。因景区的旅游品质得到提高，每年到龙潭旅游观光的游客逐年增多，村民办起了农家乐、开起了农家店。据了解，龙潭民族文化村的旅游收入近3年来增加了2倍多，其他服务业也随之发展了起来，石漠化综合治理工程的实施为大坪龙潭仡佬文化村旅游开发起了重要的支撑作用，有效地推动了务川县仡佬文化旅游事业的健康发展。

5. 适宜推广区域

适宜在具有特色的少数民族聚居地区或岩溶地貌景观等资源突出的区域推广。

九、生态经济型治理模式

模式背景：石漠化土地虽总体土层较薄和破碎，但石漠化土地肥力较高，局部地段土层深厚，特别是石漠化土地中的石旮旯地（耕地）及立地条件较好的宜林地，是区域经济发展的重要土地资源，有利于农村经济发展。

技术思路：坚持"因地制宜、适地适树"的原则，针对海拔相对较低，地势平缓，土层较深厚、交通便利、具备灌溉条件的轻、中度石漠化土地，特别是人均耕地面积相对较大的区域，以生态经济学为理论，以科技为先导，以经济效益为中心，以市场需求为导向，按照集约化经营、规模化生产的思路，选择品质优良、市场前景好、土地适宜性强、群众易接受的名、特、优经济林品种或速生用材林树种，培育石漠化地区的林果、林药、林饲、林公等特色生态经济品牌，加快石漠化地区经济发展。

建设内容：该模式遵循商品林基地建设思路，在合理保护好区域现有乔灌木树种基础上，对立地条件较好区域进行林地清理，整地尽量规整化或梯土化，提高土地利用率。种植密度以林木正常生长与开花结果为基础，加强后期抚育与管护，防止人畜破坏，促进树木生长与成林。特别强调基肥与后期施肥，合理配置小型水利水保措施，实现林木生长的水肥平衡。对林木进行合理修整枝，提高单位面积产量与合理利用光照与水肥条件，提高单位面积经济效益。种植的主要经果林树种有花椒、李子类、桃、梨、苹果、油茶、核桃、金银花、杜仲、岩桂等；用材树种主要有竹类、松类、任豆、木豆、喜树、苏木等。

适宜区域：该模式适宜在山体中下部、地势平缓、立地条件较好的轻、中度石漠化土地上实施。

案例1：黔西中山、山塬水源涵养林建设

1. 自然条件概况

该治理区位于贵州省西部高海拔的赫章、威宁，是乌江两大支流六冲河、三岔河的

发源地及北盘江的上游，为中山和山塬地貌，高原面较完整，边缘部分切割为高中山，碳酸盐岩、玄武岩和砂页岩交错分布。年降水量 1000~2000mm，一年中干湿交替明显，热量较低，年均气温 13~14℃。以中亚热带偏干性常绿阔叶林为主，其下发育的土壤为黄棕壤。由于山地基殖过度，原生岩溶植被已全部破坏，加上草山过度放牧，水土流失严重，石漠化扩展较快，生态环境明显恶化。区内的适宜造林树种较少，植被生态恢复艰难。

2. 治理思路

按照适地适树的原则，以营建水源涵养林、水土保持林为主，实施栽针保阔，适度加大造林密度，尽快恢复森林植被。

3. 主要技术措施

①树种选择：阴坡、半阴坡以华山松为主，阳坡以云南松为主。整地时保留部分栎类等阔叶幼树，使之形成针阔混交林。华山松与云南松混交对云南松的生长及干形有利，应大力提倡应用。

②造林方法：主要采用块状整地，规格不宜过高，只要能做到苗正根舒、不窝根即可。植苗造林，苗木以营养袋苗为主，以提高造林成活率。华山松或云南松可培育百日苗，要求苗高 10cm 以上，地径 0.2cm 以上，株行距 1.0m×1.5m 或 1.5m×1.5m。

③抚育管理：从造林后的第 2 年开始连续抚育 3 年，每年松土除草 1~2 次，松土结合培土，逐年扩大穴面，改善土壤结构。

4. 案例成效分析

该模式的造林投资成本相对较低，但具有较高的保持水土、涵养水源的功能，目前在模式区内推广面积超过 50000 亩，是高海拔石漠化区域的一种有效治理模式。

5. 适宜推广区域

本模式适宜在贵州省的盘县、水城县、毕节市、大方县、纳雍县等县（市）及云南滇东北高海拔地区推广应用。

案例 2：贵州干热河谷车桑子、金银花林药治理

1. 自然条件概况

该治理区位于贵州省兴义市北盘江河谷海拔 600m 以下地段，年均温 18℃左右，年均降水量 800mm 左右，生长期 270 天以上，属典型的干热河谷气候。石漠化土地分布集中，成土母岩多为纯灰岩，以石灰土为主，基岩裸露率高，土被破碎。

2. 治理思路

针对该地段的生态环境恶劣，造林非常困难的实际情况，以"先绿化后提高"为指导思想，选择耐干旱瘠薄的车桑子、金银花，增加地表盖度，逐步改变小生境，同时为

农户解决薪材问题，依托药材实现农民增收。

3. 主要技术措施

①不炼山，采取鱼鳞坑整地，外围筑保护埂。
②车桑子在雨季开始前半个月进行点播造林，随整地随点播，每亩用种量0.3~0.5kg。
③金银花采用扦插苗，用生根粉等生根药剂处理，并用树枝引导金银花繁殖扩增。
④造林后要加强管理和抚育，特别是金银花要合理施肥。

4. 案例成效分析

本模式对干热河谷地区立地条件较差的石漠化土地进行治理，成效明显，能较快覆盖地表，且金银花从种植第三年开始可为群众带来稳定的经济收入。

5. 适宜推广区域

本模式适宜在车桑子、金银花适生的干热河谷区域推广。

十、综合治理模式

模式背景：石漠化土地以岩溶山地为主，石漠化土地的立地条件（坡面坡度、土层厚度、养分、光照、水分等）、植被状况、土地利用结构、石漠化程度等差异明显，形成了石漠化土地在不同海拔高度的自然环境、植被生境的多样性与分带性规律。目前贵州省毕节市"五子登科"石漠化综合治理等模式充分体现了立体综合开发与治理理念。

技术思路：在石漠化治理上遵循自然环境的分带性差异规律，以生态系统生态位理论、生态修复学为原理，遵循因地制宜，分类施策的原则，以石漠化土地林草植被恢复为目标，对石漠化山体实施以封山育林、保护植被为主的措施，实现水源涵养与保持水土功能。在石漠化土地平缓地带通过土地平整、栽竹种果、移植中草药、修建沼气池与小型水利水保措施等措施，开展"以粮为纲，以果为主、林果结合、套种药材、综合经营、增收保粮"的治理思路，逐渐形成"山顶林、山腰竹、山脚药、平地粮、低洼桑"或"山顶戴帽子，山腰拴带子，坡地铺毯子，大田种谷子，多种经营抓票子"的立体生态发展模式，实现生态、经济、社会效益统一协调发展。

建设内容：石漠化山体中凡符合《封山（沙）育林技术规定》（GB/T 15163—2004）条件的，纳入封山育林工程，其余纳入森林资源管护范畴，主要是设立管护标牌，落实管护人员，适度进行补植补造。对于坡度较陡、立地条件较差石漠化宜林荒山荒地及未利用地，根据"宜乔则乔、宜灌则灌、宜草则草"的原则，以生态效益优先的理念，营造以生态树种如柏木、栎类、车桑子、紫穗槐等为主的生态林（草地），确保石漠化土地生态修复。对于坡度平缓，土层较深厚的石旮旯地等，则配套建设蓄水池、水窖等小型水利水保设施，发展以经果林、林药等为主的高效林业。对于低洼地的农业耕作区，在坡面配套排洪沟、拦砂生物隔离带、灌溉渠道等，在沟谷配套谷坊、沉砂池、护堤等，合理利用水资源。

适宜区域：根据各地石漠化土地特征与自然环境的差异性，合理调整与完善建设内容，形成农林、林果、林药等立体生态发展模式进行推广。特别适合在海拔2000m以下，年平均气温14℃以上，雨量充沛，气候温和、以轻度、中度石漠化为主的区域。

案例1：贵州省纳雍县上鼠仲河小流域综合治理

1. 流域概况

模式区位于贵州省西北部的纳雍县上鼠仲河小流域，包含寨乐乡寨落、偏洞、大寨、新桥、革新、双山、雍后、戈落、木花等9个村，总人口18854人，农业人口18224人，农业劳动力人数9580人，人口密度519人/km^2，社会总产值12600万元，农业产值6860万元，林业产值2380万元，牧业产值2530万元，农民人均收入1998元，粮食总产量83901kg。项目区地貌类型以高原山地丘陵为主，主要出露岩石为石灰岩、白云岩、砂页岩等，石漠化以中轻度为主，项目区土地总面积5.9万亩，其中水田3070亩，旱地3.1万亩（其中25坡耕地7500亩），有林地5000亩，灌木林2250亩，其他林地1822亩，草地2578亩，水域660亩，园地186亩，居民与工矿用地1918亩，未利用地10320亩。

2. 治理思路

针对上鼠仲河的土地利用现状和石漠化现状，对鼠仲河小流域采取封山育林、基本农田建设和生态经济结果治理的综合模式。

3. 主要技术措施

将流域内林地上轻度石漠化区域（面积2178亩）划定为保护治理区，采取全面封山育林的形式实施治理，主要措施是在人为活动频繁的路口，村寨附近比较醒目的位置设置封山育林碑牌，制定乡规民约，禁止砍伐和放牧，减小人为活动和牲畜的破坏，促进土壤肥力的积累，同时在土层较厚、植被度较低的地段采用人工造林促进封育的方式，增加乔、灌、草相结合的植被群落，增大林草覆盖度。选择10°~25°坡耕地实施坡改梯、便道路，并配套小型水利水保工程（砌坡改梯300亩，修便道路5.28km，修水池10口，修沟渠1.01km，河道治理600m，治理山塘1口，修引水管道6.5km）。这样既能防止水土流失，又能解决干旱时节农业生产用水。在坡的中上部布设用材林和防护林，中下部布设经济林，发展特色林果产业。即种用材林300亩，生态林1129亩，经济林5911.5亩，并在经济林班图中，水土流失较严重的地块内种植牧草4930亩，同时配套畜圈3000m^2，形成了山、水、林、田、路的综合治理模式，既保住了山体，也为项目区群众创造了一条以草养畜、发展经济的致富路子。

4. 案例成效分析

项目区治理石漠化面积每年每亩增加蓄水量55m^3，保土2.9t，固定碎石0.34t，保肥0.3t。项目区增加林草覆盖度18.6%，减少土壤侵蚀量0.95万t，人均纯收入增加150元，人均增粮25kg。

5. 适宜推广区域

本模式适宜在贵州省毕节地区进行推广。

参考文献

[1] 邱珩.探究石漠化治理的对策与造林技术措施[J].绿色科技，2018（20）：43-44.

[2] 王建宇.贵州石漠化区植被恢复及树种选择技术研究进展[J].绿色科技，2018（04）：18-24.

[3] 田鹏举，吴仕军，徐丹丹，等.贵州喀斯特石漠化植被时空变化特征研究[J].贵州气象，2017，41（05）：20-24.

[4] 郭文，熊康宁，张锦华，等.饲用灌木资源开发利用研究现状及其对贵州石漠化地区的启示[J].中国农业科技导报，2017，19（07）：108-116.

[5] 崔蕾，熊康宁，关智宏，等.基于植物多样性恢复和保护的石漠化土地整理模式——以贵州撒拉溪和花江示范区为例[J].中国岩溶，2016，35（05）：513-524.

[6] 朱森林，张爱华，魏善元，等.贵州"皇竹草—石漠化治理—食用菌"生态农业发展模式初探[J].南方农业，2016，10（25）：39-42.

[7] 王应芬，吴静，牟琼，等.贵州喀斯特山区草地治理石漠化与养畜经济效益分析[J].农技服务，2016，33（11）：143.

[8] 张文源，王百田.贵州喀斯特石漠化分类分级探讨[J].南京林业大学学报（自然科学版），2015，39（02）：148-154.

[9] 顾永顺.贵州岩溶土地石漠化分类存在的问题及建议[J].贵州林业科技，2014，42（02）：46-49.

[10] 周冬玲，黄慧敏，潘昌健.石漠化治理视角下农户科技需求的优先序分析——基于贵州"晴隆模式"的调研[J].现代农业科技，2013（14）：297-298.

[11] 陈起伟，熊康宁，兰安军.生态工程治理下贵州喀斯特石漠化的演变[J].贵州农业科学，2013，41（07）：195-199.

[12] 梁应林，李仲佰，唐继高.适宜贵州石漠化地区栽培养羊的饲用木本植物鉴选[J].草业与畜牧，2013（03）：14-17.

[13] 雷吉华.贵州毕节喀斯特石漠化防治对策研究[A].中国科学技术协会、贵州省人民政府.第十五届中国科协年会第19分会场：中国西部生态林业和民生林业与科技创新学术研讨会论文集[C].中国科学技术协会、贵州省人民政府：中国科学技术协会学会学术部，2013：5.

[14] 聂朝俊.贵州石漠化综合治理的实践与探索[J].贵州林业科技,2013,41(02):1-5.

[15] 陈天强,许荣芬.贵州土地石漠化的危害成因及其治理模式[J].农业与技术,2013,33(04):233-234.

[16] 张浩,熊康宁,苏孝良,等.贵州晴隆县种草养畜治理石漠化的效果、存在问题及对策[J].中国草地学报,2012,34(05):107-113.

[17] 左太安.贵州喀斯特石漠化治理模式类型及典型治理模式对比研究[D].重庆:重庆师范大学,2010.

[18] 张俊佩.贵州石漠化地区主要造林树种耐旱特性及适应性评价[D].北京:中国林业科学研究院,2009.

[19] 江兴龙,黄海,张明珍.贵州石漠化现状与防治对策探讨[J].中国西部科技,2009,8(03):52-54.

[20] 陈永毕.贵州喀斯特石漠化综合治理技术集成与模式研究[D].贵阳:贵州师范大学,2008.

[21] 杨成华,王进,戴晓勇,等.贵州喀斯特石漠化地段的植被类型[J].贵州林业科技,2007(04):7-12.

[22] 梅再美,熊康宁,孙建昌,等.贵州喀斯特石漠化土地的植被恢复技术研究[J].贵州林业科技,2004(03):1-7.

[23] 滕建珍,苏维词,廖风林.贵州北盘江镇喀斯特峡谷石漠化地区生态经济治理模式及效益分析[J].中国水土保持科学,2004(03):70-74.

[24] 周政贤,毛志忠,喻理飞,等.贵州石漠化退化土地及植被恢复模式[J].贵州科学,2002(01):1-6.

[25] 苏维词,朱文孝,熊康宁.贵州喀斯特山区的石漠化及其生态经济治理模式[J].中国岩溶,2002(01):21-26.

第六章　石漠化防治管理及治理展望

第一节　石漠化研究

一、人工造林树种选择研究

（一）研究目的

石漠化研究的目的是对目前贵州石漠化地区人工造林树种进行调查，对造林树种产生的生态、经济、社会效益以及适应状况进行分析，为贵州省不同区域石漠化治理树种选择和造林模式设计等提供参考依据。

（二）研究方法

研究方法以调查现有石漠化人工林现状为主，按线路调查法，并结合退耕还林坡耕地造林、珠江防护林体系建设工程、天然林资源保护工程等林业工程项目在石漠化地区设置的固定样地，分生态用材林树种、生态果木林树种、生态经济林树种3种类型进行调查。

（三）研究结果

1. 生态用材林树种

马尾松、杉木在部分石漠化不严重、土层较深厚的石灰岩黄壤地区仍有零星分布，柏木、滇柏、刺槐在全省石漠化土地和白云质砂石山地分布较为广泛。在贵州广大石漠化地区，特别是黔北和黔中，农民在房前屋后和农地零星种植的楸树、梓木和慈竹、水竹、金竹、黔竹等竹类均表现出良好的效果；在贵州局部石漠化地区，黔西南州种植的桉树、铜仁市种植的杨树表现出良好的效果；黔西南、镇宁、关岭等石漠化严重地区种植的车桑子长势较好；其他零星应用的树种有檫木、泡桐、喜树、枫香、栾树、华山松、厚朴、朴树、马褂木等。

2. 生态果木林树种

生态果木林是指基本既能满足造林的生态要求，又能产生干鲜果品。贵州石漠化地段的生态果木树种主要品种以核桃、板栗、梨、李、桃、樱桃、杏、杨梅、柑橘、枇杷、木瓜、柿、枣等，表现出的长势和产生的生态、经济、社会等效益较佳。

3. 生态经济树种

贵州石漠化土地上种植经济林树种以生漆、油桐、乌桕、杜仲、香椿、黄柏表现效果最佳，分布最广；局部地区重点应用的树种有银杏、花椒、金银花、苦丁茶、油茶、麻疯树；个别石漠化地段零星有麻竹、金佛山竹、棕榈、木姜子、构树、盐肤木等。

石漠化地区人工造林树种选择研究详见表6-1。

表6-1 石漠化地区人工造林树种一览表

树种类别	应用范围	树种名称
生态用材林树种	广泛用树种	柏木、滇柏、侧柏、楸树、榉树、刺槐
	局部地区常用树种	桉树、杨树、楠竹、慈竹、硬头黄、黔竹、柳杉、喜树
	零星应用树种	马尾松、华山松、栾树、车桑子、麻竹、楷木、朴树、泡桐、枫香、厚朴、吊丝竹、马褂木、檫木
生态果木林树种	广泛用树种	核桃、板栗、樱桃、杨梅、梨、桃、李、柑橘
	零星应用树种	枇杷、木瓜、枣、杏、柿
生态经济林树种	广泛用树种	生漆、油桐、乌桕、杜仲、香椿、黄柏
	局部地区常用树种	银杏、花椒、金银花、苦丁茶、油茶、麻疯树
	零星应用树种	麻竹、金佛山竹、棕榈、木姜子、构树、余甘子、茶条木、盐肤木

（四）研究结论

石漠化人工造林树种选择，不应过多地在乎经济价值，应把生态安全意识、生物多样性意识和经济意识统筹考虑，充分发挥乡土树种优势，合理利用外来树种。在具体林业生产实践中，不应孤立地选择一个树种，应按照建设一个稳定高效的生物群落的总体要求进行树种选择，按群落学的理论合理选择造林模式。

二、植被恢复技术研究

（一）研究目的

重点选择乡土树种，通过树种优化搭配，科学整地、栽植、抚育，结合容器育苗、保水剂及ABT生根粉等先进技术的应用，进行科学合理的技术配套设计，探讨岩溶山区石漠化土地的植被恢复措施，克服岩溶山区造林成活率、保存率低等问题，对贵州岩溶山区石漠化土地植被恢复提供指导及示范作用。

（二）研究内容与方法

根据石漠化等级的不同，按潜在、轻度、中度、强度和极强度4种石漠化等级进行研究。

1. 潜在石漠化区域

选择适宜本地发展的桃和李，重点营建经济林；对轻度石漠化区域，根据山区自然环境垂直分布的差异，山顶营建水源涵养林、水土保持林等防护林，山脚营建经济水土保持林。

2. 中度石漠化区域

该区域分布有大量的疏林地、灌木林地和草丛。虽然土层较薄，但具备一定的栽植条件，在植被恢复过程中，水土保持是质量的关键，同时要兼顾经济效益，因地制宜发展生态经济林。

3. 强度石漠化区域

该区域生态环境十分脆弱，是石漠化治理的重点，因森林覆盖率低，土地石砾含量高，基岩裸露率大，土层薄，立地条件差，对该区域的植被恢复，应选用耐干旱瘠薄、喜钙、适生范围广，具备一定经济价值的树种，营建乔灌草合理配置的植被类型。

4. 极强度石漠化土地

该区域是生态环境严重脆弱地带，森林覆盖率非常低，土地石砾含量非常高，基岩裸露率十分大，土层厚度十分薄，立地条件十分差，基本丧失了农业生产条件。如果要恢复该区域的植被，首先要选用草类培育，同时种植金银花，然后采取全面封育措施，等到有一定土壤积累后再培育灌木，最后促进植被的自然恢复。

各类型区域植被恢复的林种、树种、密度及技术措施等详见表6-2。

表6-2　各类型区域植被恢复林种、树种、密度及技术措施表

石漠化等级	林种	树种	初植密度（株/亩）	混交方式	造林方式	整地 方式	整地 规格/cm	抚育
潜在	经济林	桃、李	111	块状	人工植苗，在12月至次年3月的阴雨天进行植苗，每穴施过磷酸钙200g作基肥，保水剂10g。裸根苗用生根粉打浆蘸根后再栽植	穴状，以品字形配置为主。坑挖好后，每穴施保水剂10g后，再回填	桃、李：60×60×50；藏柏、香椿、花椒：50×50×30；金银花：40×40×30	块状抚育，刀抚、锄抚相结合，造林当年7~8月抚育一次，以后每年4~5月和7~8月进行，同时追肥
轻度	经济生态林	藏柏、桃、李	藏柏：296 桃李：111	块状				
中度	针阔混交经济生态林	藏柏、香椿、花椒	167	不规则				
强度	经济生态林	藏柏、金银花	167	不规则				
极强度	经济林	金银花		不规则				

（三）研究结果

研究区域的人均收入从2009年的1847元增加到2014年的5489元，增长率达到

66.35%；研究区域的潜在石漠化土地平均降低了57.1%，轻度石漠化土地平均降低了62.5%，中度石漠化土地平均降低了58.3%，强度石漠化土地平均降低了60%，极强度石漠化土地平均降低了66.7%。研究区内树种的高度、地径、冠幅等数量特征呈明显增长趋势，植物生物量明显增长，生态效益明显。

（四）研究结论

由于贵州省石漠化分布广泛，不同区域的水文、气候等自然环境差异较大，在进行石漠化植被恢复时，应充分结合当地的自然条件和社会经济条件，坚持生态优先，兼顾生态效益。因地制宜，适地适树的原则，宜乔则乔，宜灌则灌，重点选择适宜当地气候、耐干旱、耐瘠薄、适生力强的乡土树种，大力推广先进成熟、实用的技术成果，营建针阔混交林和乔灌草合理配置的多样林分。

三、固碳增汇效应研究

（一）研究目的

为探索岩溶地区石漠化综合治理碳汇效应，通过实地监测数据，测算各研究区的总碳存量，分析并比较碳储量在各碳库以及不同石漠化等级之间的分布情况和大小关系，揭示岩溶石漠化治理区的碳汇效应以及碳存量在岩溶生态系统内的分布规律。

（二）研究内容及方法

将石漠化综合治理固碳增汇效应研究的重点放在植被、土壤两大碳库上，在小班勾绘和实地调查基础上，以不同石漠化等级为主要依据，分别选取一定数量的典型样地，按不同的时间周期分别进行植被生物量、土壤有机质、土壤容重的测定。

（三）研究结果

从总碳储量的构成来看，土壤层碳储量远远大于植被层碳储量，在植被层中又以草本层碳储量远远大于灌木层碳储量。土壤碳库大于植被层碳库的关系普遍存在于各类生态系统中，世界范围内不同学者对各类森林生态系统中土壤碳储量或碳密度普遍大于植被碳储量或碳密度的看法趋于一致，土壤储存的碳约为植被中的1~5倍。相比起其他生态系统，贵州岩溶石漠化地区二者之间的比例关系显得特别的失衡，土壤层碳储量系植被层的156倍，可以看出，石漠化地区是一个植被严重退化的生态系统。

从碳密度来看，贵州省石漠化地区的植被层平均碳密度为$0.013kg/m^2$，其中草本层平均碳密度为$0.012kg/m^2$，而灌木层的碳密度更小，只有$0.0001kg/m^2$。相对来说，土壤层的碳密度大得多，约为$2.04kg/m^2$，但从全国的角度来看其碳密度仍然低于全国平均水平，甚至比其他生态脆弱地区土壤碳密度要低。

从不同等级石漠化植被碳密度看，植被层碳密度与石漠化等级呈现明显的相关性，普遍随着石漠化等级升高，碳密度逐渐降低。就植被层碳库来看，轻度石漠化的碳密度均占总碳密度的比例较大，植被层碳密度存在明显的分布规律，即轻度＞中度＞强度。植被层碳密度与其土地利用分布规律相关，不同等级石漠化碳密度与其土地利用分布规律相关。一般情况下，轻度石漠化生境较好，水土保持较好；中度石漠化次之，水土流失加剧；强度石漠化岩石裸露，水土流失严重。

四、主要造林树种耐旱性研究

（一）研究目的

根据石漠化区域阶段性、临时性的不连续干旱的气候特点，通过人为模拟实验、野外定期观测和调查，以及对石漠化地区人工造林主要树种进行耐旱性研究，为我国西南喀斯特石漠化区域植被恢复提供理论依据，最终为抑止石漠化区域土地退化和防治石漠化，为自然植被的保护利用和建立稳定的人工植被、改善生态环境提供知识基础和科学技术保障，并将有利于进一步加快石漠化治理步伐，促进我国西南林业生态工程的建设，保障国土生态安全。

（二）研究内容及方法

选择 2~3 年生的火棘、滇柏、苦楝、侧柏、乌柏、栾树、香樟、花椒、杜英、银鹊、桂花、喜树、香椿、榕树、白花刺、车桑子、马尾松、大叶女贞、小叶女贞、金叶女贞、一品红及夹竹桃等 20 个树种，营建野外试验林和盆栽试验，分别测定生理指标和生长指标。

①生理指标：净光合速率（P_n）、蒸腾速率（T_r）、气孔导度（G_s）、胞间 CO_2 浓度（C_i）、叶面温度（T）、荧光、叶片或小枝的水势、叶绿素等指标变化日进程以及土壤含水量。

②长指标：各树种的树高、地径、冠幅、新梢生长量、苗木发根量，充足供水条件下各树种苗木生物量（新梢、主干和根）积累及土壤干旱胁迫条件下各树种苗木生物量（新梢、主干和根）积累。

（三）研究结果

石漠化地区由于土壤保水性能差，季节性极度干旱是植被恢复的主要限制因子，通过研究得出如下结论。

①苗木连日蒸腾耗水量与干旱时间呈显著的线性负相关，蒸腾耗水量的下降速度快慢可反映植物的控水能力，不同研究树种的控水能力为：滇楸＜银鹊＜香椿＜金叶女贞＜喜树＜夹竹桃＜杜英＜苦楝＜香樟＜乌柏＜侧柏＜川含笑＜花椒＜马尾松＜栾树＜大叶女贞＜滇柏＜桂花＜车桑子。

②研究树种的耐旱性可分为四类，高水势延迟脱水的有马尾松和夹竹桃；亚高水势

延迟脱水的有车桑子、杜英、苦楝、乌桕、香椿、银鹊、香樟、川含笑、金叶女贞、侧柏、栾树；亚低水势忍耐脱水的有桂花、大叶女贞、花椒、滇楸、滇柏；低水势忍耐脱水的仅有喜树。

③在干旱胁迫下，植物整体水分利用效率较高的树种杜英、苦楝、花椒、香椿、香樟、马尾松、夹竹桃和金叶女贞；整体水分利用效率较低的树种有车桑子、桂花、大叶女贞、乌桕、滇楸、银鹊、滇柏、喜树、川含笑、栾树和侧柏。

④在中度和重度干旱胁迫下，可根据蒸腾速率将研究树种分为五类：干旱胁迫下蒸腾速率的绝对量最大、下降幅度较大的有马尾松；干旱胁迫下蒸腾速率的绝对量最小、下降幅度最大的有夹竹桃；干旱胁迫下蒸腾速率的绝对量、下降幅度居中的有大叶女贞；干旱胁迫下蒸腾速率的绝对量较小、下降幅度最小的有车桑子、苦楝、桂花、花椒、川含笑、侧柏；干旱胁迫下蒸腾速率的绝对量最小、下降幅度较小的有杜英、香椿、滇楸、银鹊、喜树、香樟、栾树。

⑤苗木在中度胁迫（$\Psi wp=-1.0MPa$ 时）和重度胁迫（$\Psi wp=-1.5MPa$ 时），根据净光合速率的绝对值及下降幅度，可将研究树种分为三类：干旱胁迫下净光合速率的绝对值最小但下降幅度最大的有银鹊和喜树；干旱胁迫下净光合速率的绝对值最大，下降幅度最小的有车桑子、大叶女贞、花椒、滇柏、金叶女贞、侧柏、乌桕、桂花、栾树；干旱胁迫下净光合速率的绝对值和下降幅度居中的有杜英、滇楸、香樟、香椿、马尾松、苦楝、川含笑。

⑥叶片光合速率与气孔导度呈线性关系或者幂函数关系，苗木的蒸腾速率与气孔导度呈幂函数关系；蒸腾速率与净光合速率的下降呈显著线性相关，而且净光合速率随蒸腾速率和气孔导度的下降幅度在树种间存在显著的差异。下降相同幅度的蒸腾速率，大叶女贞和桂花的净光合速率受影响最大，银鹊最小。

⑦同树种间光饱和点的差异对不同坡向坡位以及同一坡向坡位树种的空间配置具有一定的指导意义，而 CO_2 补偿点的高低对于造林树种的高海拔适应性也具有很重要的指导作用。滇柏、侧柏、马尾松、大叶女贞、白花刺、车桑子和川含笑为高饱和点，为喜光树种，适合在阳坡和林分高位栽植；补偿点低的树种如小叶女贞、夹竹桃等可适合到高海拔区域种植。

⑧分胁迫下各苗木叶片的电子传递、光合的潜在活性和原初光能转换效率受到了明显的抑制，部分苗木的叶片叶绿素含量也明显减少。中度胁迫下，受抑制的程度为：乌桕＜马尾松＜桂花＜侧柏＜车桑子＜大叶女贞＜金叶女贞＜杜英＜滇柏＜滇楸＜苦楝＜香樟＜喜树＜银鹊＜香椿＜栾树＜花椒；重度胁迫下受抑制程度从小到大为：金叶女贞＜车桑子＜滇柏＜侧柏＜马尾松＜大叶女贞＜乌桕＜花椒＜香椿＜苦楝＜川含笑＜滇楸＜香樟＜栾树＜银鹊＜杜英＜喜树＜桂花。

⑨干旱胁迫下，各种苗木的根量、根茎的生物量和生长量明显不同。根数和根总长最多的有夹竹桃和金叶女贞，最小的是苦楝和川含笑；总生物量（茎叶和根）最大的有

桂花、喜树、大叶女贞、香樟、滇柏、杜英、夹竹桃；根茎比最大的是香椿和栾树；地茎、茎高和冠幅总体最高的有喜树、香椿和栾树。

⑩以重度胁迫下 Gs、DGs、Tr、Dtr、Pn、DPn、Fv/Fm 和根茎比为基础，研究结果表明，中度胁迫下，控水耐旱能力为：杜英＜香樟＜乌桕＜车桑子＜滇楸＜金叶女贞＜马尾松＜苦楝＜香椿＜喜树＜桂花＜侧柏＜滇柏＜大叶女贞＜银鹊＜川含笑＜花椒＜栾树；重度胁迫下，控水耐旱性的能力为：香椿＜香樟＜杜英＜滇楸＜银鹊＜川含笑＜苦楝＜金叶女贞＜马尾松＜喜树＜车桑子＜乌桕＜滇柏＜栾树＜侧柏＜大叶女贞＜花椒。

第二节　石漠化综合治理工程规划

贵州省有规划、系统性治理石漠化的时间可以分为三个阶段：第一阶段2008~2010年，为准备及试点阶段，2008年启动55个试点县治理工程工作；第二阶段2011~2015年，为全面治理阶段，2011年扩大78个石漠化县。第三阶段2016~2025年，为新时期石漠化治理阶段。其中第一阶段和第二阶段又统称为"一期工程"，第三阶段又称为"二期工程"。

一、一期工程概况

自2008年启动石漠化综合治理工程以来，截至2015年底，8年共治理石漠化土地面积70.25万 hm^2，治理岩溶面积189.52万 hm^2。石漠化扩张趋势得到有效控制，取得了良好的生态效益、经济效益和社会效益，积累了丰富的治理经验，基本实现了《贵州省岩溶地区石漠化综合治理规划（2006—2015年）》确定的治理目标。

（一）建设情况

2008~2015年贵州省石漠化综合治理工程累计投资资金36.37亿元。其中，中央投资33.24亿元，地方配套3.14亿元。其中，林业措施投资占51%，水利措施投资31%，农业措施投资12%，其他费用6%。石漠化综合治理一期工程治理措施投资情况见表6-3，石漠化综合治理一期工程任务累计完成情况见表6-4。

表6-3　石漠化综合治理一期工程治理措施投资情况

指标名称		累计投资资金/亿元
合计		36.37
中央投资		33.24
地方配套		3.14
林业措施	人工造林	13.37
	封山育林育草	5.27

续表

指标名称		累计投资资金/亿元
农业措施	人工种草	1.31
	改良草地	0.19
	棚圈建设	2.27
	饲料机械	0.30
	青贮窖	0.36
水利措施	坡改梯	1.47
	排灌沟渠	2.85
	沟道整治工程	0.55
	拦沙/谷坊坝	0.28
	沉沙池	0.10
	蓄水池/水窖	1.77
	田间生产道路	3.70
	输水管	0.38
其他费用		2.20

表6-4 石漠化综合治理一期工程任务累计完成情况

指标名称			计量单位	累计
治理岩溶面积			km²	18951.29
治理石漠化面积			km²	7025.01
植被建设和保护			hm²	708350.6
林业措施	封山育林育草		hm²	427157.0
	人工造林	防护林	hm²	78707.4
		经济林	hm²	121794.8
		薪炭林	hm²	2071.1
		其他	hm²	6689.8
农业措施	草地建设	人工种草	hm²	51774.8
		改良草地	hm²	20155.7
	草食畜牧业	棚圈建设	m²	1151457.9
		饲料机械	台	12469
		青贮窖	m³	296271.6

续表

指标名称		计量单位	累计
水利措施	坡改梯	hm²	5905.2
	排灌沟渠	km	35599.4
	沟道整治工程	km	260.4
	拦沙坝/谷坊	座	394
	沉沙池	口	10143
	蓄水池/水窖	口	13782
	田间生产道路	km	18727.5
	输水管	km	32584.4

（二）主要成效及经验

1. 统筹规划与综合治理，石漠化面积实现净减少

自启动试点工程以来，成立了由分管副省长担任组长，省政府副秘书长和省发展改革委副主任担任副组长的石漠化综合治理工作领导小组，组织编制了《贵州省岩溶地区石漠化综合治理规划（2006—2015年）》，并加大了石漠化治理县的资金整合及投入力度，有效保障了工程统筹管理及综合治理，石漠化治理成效显著，石漠化面积实现净减少。据2012年、2018年发布的《贵州省石漠化状况公报》显示，2011年石漠化面积比2005年减少29.2万 hm²、2016年石漠化面积比2011年减少55.37万 hm²，石漠化扩展的趋势得到有效遏制。

2. 生物措施与工程措施相结合，生态服务功能显著提升

因地制宜，因害设防，采取工程措施和生物措施相结合的方式，开展综合治理，形成治理良性循环，探索出了山顶戴帽子、山腰系带子、山脚搭台子、平地铺毯子、入户建池子、村庄移位子的"六子登科"等多种成功模式。特别是实施林草植被恢复措施，工程区林草植被覆盖率得到提高，野生动植物数量和种类明显增多，生物群落结构进一步优化，植被固碳释氧、净化空气等生态功能显著增强。据统计，自2008年石漠化综合治理工程实施以来，工程区新增有林地面积约37.68万 hm²，年均增长47105.25hm²，年净增率达到12.5%，按每 hm² 林木生长 2.5m³ 计算，新增林木蓄积94.21万 m³，森林储备价值约28263万元。通过工程实施，减少了水土流失，改善了生态环境，有效保护和合理利用了耕地，石漠化地区群众的环保意识逐渐增强，走出了"越穷越耕、越耕越穷"的恶性循环，走上了社会、经济、环境协调发展之路。

3. 优化治理方式，促进石漠化地区脱贫致富

结合岩溶分布特点、石漠化程度和地区经济状况，通过工程建设，大致形成了三种治理方式：一是在植被覆盖较少、岩石裸露较多，石漠化危害较重的石山区，以生态恢复为主；二是在改善生态环境的同时，结合实际，因地制宜，发展特色产业；三是在优

先改善生态环境的同时，对石漠化地区进行村容村貌整治，扶贫开发和新农村建设相结合。部分地区结合工程建设，充分发挥区域优势条件，因地制宜地发展林农特色产业和生态旅游业，已将其培育成地方支柱产业，极大地带动了地方经济发展和农民增收致富。做到"治石与治贫"相结合，推进了区域脱贫致富步伐，农村居民年人均纯收入从2008年的2797元提高到2015年的7386.87元。工程实施也使农业生产条件得到改善，提高了土地的生产率，工程区粮食单产每亩提高50~100kg。

4. 强化管理，有序推进石漠化工程治理

加强管理，建立健全"五项制度"，即项目法人制、监理制、公示制、合同管理制、招标投标制等5项制度。工程验收严格执行工程任务和投资计划完成达到标准，项目质量达到相关规范标准，资金拨付、管理和使用达到政策规定标准，工程管护措施落实达到标准，各项效益指标达到设计标准，工程档案、资料等管理措施达到标准等"六个标准"。为工程建设提供有效保障，严格执行"七条措施"加强管理：一是项目管理部门成立了石漠化综合治理项目建设实施组；二是制定了项目实施方案和细则指导项目的建设；三是认真落实项目建设地块；四是加强技术培训；五是认真总结试点工作；六是及时落实各项工程运行管护主体和管护责任；七是按照"谁治理、谁管护、谁受益"的原则，积极探索灵活、有效的运行管护机制，制定规章制度、乡规民约等管理办法。

工程实施以来，区域生态环境逐步改善，农村生产生活方式发生改变，生态文明建设成效得到彰显。工程建设带动了村寨绿化美化，村容村貌得到改善，促进了乡村文明和美好乡村建设。同时，大批农村居民接受了系统科学的工程技术培训，综合素质和劳动技能得到提高。通过工程宣传和教育，全民生态意识也不断增强，地方群众对生态建设的态度由消极被动转变为积极参与，爱绿、护绿、增禄的生态文明建设氛围日益高涨。

二、二期工程治理思路

（一）治理原则

1. 统筹兼顾，综合治理

防治工程要以林草植被保护和建设为重点，统筹兼顾农林产业、草畜业发展、生态扶贫等内容，遵循自然规律，坚持"山、水、林、田、路"综合治理思路，将生物措施、工程措施紧密结合，合理布局，宜林则林、宜灌则灌、宜草则草，以水定林，标本兼治，协同增效。

2. 精准治理，绿色发展

结合区域产业结构调整和脱贫攻坚需要，因地制宜，精准治理，制定符合各地的治理措施，促进区域生态环境改善与绿色经济发展，提倡绿色富民产业，以生态扶贫带动精准扶贫，加快贫困地区各族群众脱贫致富。

3. 保护优先，防治并重

优先保护好岩溶地区现有林草植被与现有治理成果，加强潜在石漠化地区生态环境的保护，正确处理资源利用与环境保护的关系，进行资源开发活动必须充分考虑生态环境承载能力，实现石漠化土地预防与治理协调推进。

4. 突出重点，分步推进

推进石漠化综合治理工程应遵循自然规律和石漠化特征，突出重点，分类指导，分区施策，分步实施。同时，强化项目带动，试点对石漠化重点区域、防治先进单位进行资金与政策的倾斜，达到点面结合，以点带面的作用。

5. 科学防治，依法防治

石漠化区域自然环境差异大，工程治理综合性强、难度大。要依靠科技进步，大力推广和应用先进实用的技术和模式，提高治理成效。要大力贯彻《森林法》《水土保持法》《草原法》等法律法规，制定完善相应监督管理体系，坚持依法治理。

（二）治理分区

为更加科学合理地分区进行工程布局和针对性的安排治理措施，按地理气候、土壤植被分布、石漠化成因、生态功能定位和社会经济状况等不同，根据区域岩溶地质、地貌和岩溶生态环境的相似性，自然资源及经济社会条件的同类性，石漠化成因、治理措施的趋同性，并考虑区划界线与自然边界保持一致性的原则，将贵州省"十三五"的50个建设重点县划分为岩溶峡谷、岩溶断陷盆地、岩溶高原、峰丛洼地、岩溶槽谷等5个石漠化综合治理区。"十三五"建设重点县治理分区石漠化土地情况见表6-5。

表6-5 "十三五"建设重点县治理分区石漠化土地情况表

治理区	重点县名称	数量/个	石漠化面积/hm²	比例/%
		50	2129199.5	100
黔西岩溶峡谷石漠化综合治理区	六枝特区、水城县、关岭县、威宁县、赫章县、兴仁县、晴隆县、贞丰县	8	420150.1	19.7
黔西南偶岩溶断陷盆地中度—强度石漠化综合治理区	盘州市、普安县	2	104533.8	4.9
黔中岩溶高原石漠化综合治理区	开阳县、息烽县、清镇市、西秀区、平坝区、普定县、镇宁县、紫云县、七星关区、大方县、黔西县、金沙县、织金县、纳雍县、福泉市、长顺县、惠水县	17	779260.4	36.6
黔南峰丛洼地石漠化综合治理区	兴义市、望谟县、册亨县、安龙县、荔波县、独山县、平塘县、罗甸县、三都县	9	410031.3	19.3

续表

治理区	重点县名称及数量		石漠化	
	重点县名称	数量/个	面积/hm²	比例/%
		50	2129199.5	100
黔东北岩溶槽谷石漠化综合治理区	桐梓县、正安县、道真县、务川县、余庆县、石阡县、思南县、印江县、德江县、沿河县、松桃县、凯里市、黄平县、施秉县	14	415223.9	19.5

（三）分区施策

1. 黔西岩溶峡谷石漠化综合治理区

（1）区域范围

本区包括黔西的8个重点县，涉及六盘水市2个县（特区）：六枝特区、水城县；安顺市1个县：关岭县；毕节市2个县：威宁县、赫章县；黔西南州3个县（市）：兴仁市、晴隆县、贞丰县。

（2）石漠化基本情况

土地面积2101055.3hm²，岩溶土地面积1548460.4hm²，占土地面积的73.7%，石漠化面积420150.1hm²，占岩溶土地面积的27.1%。

（3）存在问题

该区域地形起伏大，土层薄、土壤侵蚀严重，陡坡开垦、砍伐薪材现象严重，森林覆盖率低，水源涵养任务重，生态承载能力弱；耕地质量差，农业生产方式粗放，土地产出率低，粮食不能自给，人地矛盾突出；水资源丰富，但开发利用率低。

（4）治理方向

重点开展以封山育林、人工造林种草为主的植被建设，提高植被覆盖率；加强水源工程建设和坡改梯；对陡坡耕地实施退耕还林还草，积极发展特色农林产业和草食畜牧业；加大水土资源保护和开发力度，提高水土资源综合利用能力；积极发展特色经果林、早熟蔬菜和种养结合的庭院经济；依托良好的景观资源，积极发展生态旅游业。

2. 黔西南岩溶断陷盆地中度—强度石漠化综合治理区

（1）区域范围

本区包括黔西南的2个重点县，涉及六盘水市1个市：盘州市，黔西南州1个县：普安县。

（2）石漠化基本情况

土地面积549364.7hm²，岩溶土地面积397588.5hm²，占土地面积的72.4%，石漠化面积104533.8hm²，占岩溶土地面积的26.3%。

（3）存在问题

该区域农村能源短缺，水资源开发利用率低，制约了土地和光热资源的开发利用，基本农田少，陡坡开垦问题突出，加之该区域是贵州省煤炭主要生产基地之一，长期煤炭开采等工矿活动，加速了土地石漠化。

（4）治理方向

在保护好现有林草植被的基础上，重点加强封山育林育草、人工造林和特色产业开发；积极营造生态林和薪炭林，发展人工种草和草地改良，提高植被覆盖度；加强水资源的开发利用，保障人畜饮水和生产用水；充分发挥区域光热资源优势，大力发展林果、中草药、草食畜牧业等产业，拓宽经济发展渠道。

3. 黔中岩溶高原石漠化综合治理区

（1）区域范围

本区包括黔中的17个重点县，涉及贵阳市3个县（市）：开阳县、息烽县、清镇市；安顺市5个县（区）：西秀区、平坝区、普定县、镇宁县、紫云县；毕节市6个县（区）：七星关区、大方县、黔西县、金沙县、织金县、纳雍县；黔南州3个县（市）：福泉市、长顺县、惠水县。

（2）石漠化基本情况

土地面积 3523013.9hm^2，岩溶土地面积 3046630.4hm^2，占土地面积的 86.5%，石漠化面积 779260.4hm^2，占岩溶土地面积的 25.6%。

（3）存在问题

该区域是贵州省岩溶地区人口密度最高的区域，经济活动和农业生产活动频繁，用地需求大，土地垦殖率高，加剧了石漠化发展，石漠化治理任务重。

（4）治理方向

加强林草植被保护，重点保护和建设水源涵养林，大力开展封山育林育草、人工造林、人工种草和退耕还林，提高植被覆盖度；实施坡改梯、改造中低产田、建设稳产高产基本农田，扩大耕地面积，提高土地生产力；积极发展草食畜牧业等特色农业，优化农业产业结构，推广高效现代农业模式。

4. 黔南峰丛洼地石漠化综合治理区

（1）区域范围

本区包括黔南的9个重点县，涉及黔西南州4个县（市）：兴义市、望谟县、册亨县、安龙县；黔南州5个县：荔波县、独山县、平塘县、罗甸县、三都县。

（2）石漠化基本情况

土地面积 2384236.0hm^2，岩溶土地面积 1375237.0hm^2，占土地面积的 57.7%，石漠化面积 410031.2hm^2，占岩溶土地面积的 29.8%。

（3）存在问题

该区域石漠化等级高，土壤流失严重，旱涝灾害频繁发生，人畜饮水困难，耕地承载力低，农村能源缺乏，贫困面大，贫困程度深，是国家扶贫开发工作重点县集中分布区。

（4）治理方向

重点发展人工造林、人工种草、草地改良、封山育林育草，保护和增加林草植被，提高植被覆盖度；加强基本农田设施建设，开发利用坡面径流、岩溶表层泉水资源，满足灌溉用水、人畜饮水需求；建设排涝沟渠，防治洪涝灾害；充分利用水资源，实施小水电代燃料工程，拓宽农村能源渠道；实施坡改梯，蓄水保土，增加耕地面积，提高土地利用率；适度开展生态移民。

5. 黔东北岩溶槽谷石漠化综合治理区

（1）区域范围

本区包括黔东北的14个重点县，涉及遵义市5个县：桐梓县、正安县、道真县、务川县、余庆县；铜仁市6个：石阡县、思南县、印江县、德江县、沿河县、松桃县；黔东南州3个县（市）：凯里市、黄平县、施秉县。

（2）石漠化基本情况

土地面积3062087.9 hm^2，岩溶土地面积2266783.7 hm^2，占土地面积的74.0%，石漠化面积415223.9 hm^2，占岩溶土地面积的18.3%。

（3）存在问题

该区域生态环境相对良好，珍稀野生动植物资源丰富，水土资源条件较好，土地承载能力较强，但境内碳酸盐岩集中分布，石漠化治理难度大，呈扩展趋势。

（4）治理方向

加强水资源保护，合理调配水资源，保持水土，完善水利设施；调整农业产业结构，发展草食畜牧业和经果林，实施坡改梯，建设稳产高产基本农田，提高耕地生产力。

第三节 石漠化治理展望

一、石漠化治理进度分析

土地石漠化，无论程度轻重，在我省的气候条件下，是可以通过治理进行修复的。虽然经过多年的持续治理和保护，石漠化防治取得了阶段性成果，石漠化土地扩展的趋势得到了有效遏制，但因岩溶生态系统脆弱，岩溶土地具有独特的双层水文结构，基岩裸露度高，土被破碎不连续，土层瘠薄，保水保肥能力差，抵御灾害能力弱，破坏容易，恢复难。目前，植被恢复还是初级的，植被以灌木型为主。研究表明，石漠化土地从退化的草本群落阶段恢复至灌丛、灌木林阶段需要近 20 年，至乔木林阶段约需 47 年，至稳定的顶极群落阶段则需近 80 年，恢复周期长。贵州省是全国石漠化面积最大、程度最深、危害最重的省份，石漠化面积占全国的 24.5%，目前还有 2.47 万 km² 石漠化土地需要治理，按照现在年均净减少 1100km² 左右的速度，尚需 23 年左右才能完成治理任务。同时，随着石漠化综合治理工程的推进，需要治理的石漠化土地立地条件越来越差，治理难度越来越大，治理成本越来越高。总之，岩溶地区生态保护任务重，石漠化修复难度大，治理成本高，导致石漠化扩展的人地矛盾等自然因素和社会因素依然存在，石漠化治理依然具有长期性、艰巨性和复杂性，石漠化治理仍旧任重道远。

二、特殊灌木林乔木化改造分析

与乔木林相比，缺少高大乔木的特殊灌木林低矮且稀疏，许多是乔木林被破坏（滥伐、火灾）后形成的次生灌木林，处于演替的不稳定阶段，也是森林生态系统的初级发展时期，其种类组成与破坏前的森林植物种类有关，种类多样复杂，具有在恶劣环境生存的优势，但生态功能低，经济效益不高，难以满足经济社会发展对生态的需求。一是单位面积生物生长量小。对增加森林碳汇，应对气候变化的作用甚微；二是森林生态结构不完整。种类单一，没有高低搭配，不能发挥林地的空间优势，构不成完整的森林生态系统；三是保持水土和涵养水源效率较低。整体低矮，分枝少，冠幅小，难以形成枯枝落叶层堆积，在减少地表径流量的能力上只有乔木林的 20%~30%；四是景观效果差。灌木林地特别是落叶灌木林在冬季休眠期，对地面基本没有覆盖作用。目前全省 2.47 万 km² 石漠化土地中特殊灌木林有 0.65 万 km²，占 26.3%。这些灌木林经营的主要任务应是通过各种技术措施来恢复原有森林，并逐步演替为喀斯特森林顶极群落——常绿落叶阔叶混交林，实现石漠化治理的最终目的——喀斯特环境系统达到自我调控与自我维持。通过人为干预，实施特殊灌木林乔木化改造，形成乔灌合理搭配的立体结构，促进森林生态系统的形成，持续提升和改善生态环境，最大限度地发挥森林生态功能：第一，能增加单位面积生长量，提高森林质量和蓄积量；第二，可加速森林系统的植物演替，大大加快生态恢复进程，丰富植物资源。增加了植物之间的联系和竞争，逐步形成稳定的森林生态系统，促进生物多样性发展；第三，强化了森林的抗逆性，枯枝落叶形成的腐殖质层逐渐积累，提升了涵养水源、保持水土能力；第四，形成与城乡环境改善、休闲旅游建设相匹配的优美森林资源，不断满足社会发展对森林游憩的需求。

特殊灌木林乔木化改造过程中要遵循植被稳定性、选择乡土适生树种、生态与经济树种结合、保护现有植被、适度规模治理原则。在物种选择过程中，不仅要筛选适应石漠化环境的物种，还应针对不同等级石漠化环境筛选适应性先锋物种，才能达到预期目标。石漠化环境植被群落多样性和结构性指标低，稳定性差，因此，对于无干扰的原生性较强的植被应该保持现状，顺其自然发展。已受干扰的石漠化生态系统，应补充演替后期的繁殖体，特别注意引进一些顶级种或次顶级种。次生林区要适当进行修剪，保持合理的密度，有利于有性繁殖更新链尽快恢复和林木的快速生长，促进物种组成分布渐趋均匀，多样性趋向合理化，实现植物群落的迅速恢复与形成。在进行封山育林的同时，辅以人工促进结构调整技术（人工抚育、增加或更换树种），"见缝插针"方式补植补播，更换一些目的树种，增加树木多样性，促进石漠化区域林草植被正向演替，促进森林植被的恢复进程，增强生态系统的稳定性，提高森林生态系统碳储量。在充分利用现有植物的基础上，适当营造一些乔木树种，形成多层结构的混交林，从而优化林分树种结构和改善林分立体质量，提高森林的稳定性，维护土地肥力，增加林地的生态效益。

三、喀斯特区森林生态系统建设

（一）可能性

喀斯特区生境严酷，特别是岩石裸露率较高的石山，土壤总量极少，林业生产上历来是作为难利用地来对待的。由于喀斯特地区环境的破坏，石漠化速度加快、程度加深，石漠化面积逐年增加。那么，能否在这些地段恢复森林重建森林生态系统呢？答案是肯定的，因为自然界就有生长在典型石山上的喀斯特森林。

荔波县茂兰保存有近 2 万 hm^2 的原生性较强的喀斯特森林，并已建立了国家级自然保护区，纳入 MAB 生物圈保护区网络，森林覆盖率达 90% 以上，活立木蓄积 130 余万 m^3。它们几乎都是生长在岩石裸露率极高的几乎无土的严酷生境中。据 30 个样地共 $3000m^2$ 的实测，土面面积为 $232m^2$，占 7.7%，石面面积为 $2064m^2$，占 68.8%，石沟面积为 $506m^2$，占 16.9%，其余石缝、石坑等面积为 $198m^2$，占 6.6%，岩石裸露率为 92.3%。30 个样地中有高 1.3m 以上的大树 1497 株，其中土面上生长的仅 243 株，占 16.2%，石面上生长的 839 株，占 56.1%，石沟等生境中生长的 415 株，占 27.7%。茂兰喀斯特森林群落结构复杂，$900m^2$ 样地内组成树种平均为 60 种，最高 76 种。其中常绿树种比例 54.1%~61.3%，落叶树种比例 45.9%~38.7%。乔木层多数分化成 2 个亚层，灌木层通常只有 1 层，草本层不发达。石面植物和层间植物多，密度 1410~5220 株 /hm^2。典型样地调查表明，树高在 3~8m 范围内居多，一般超过总株数的 50%，最高树木达 27m，样地外 30m 以上大树也可见到。14 个样地统计，树木胸径、树高的生长具有速度慢、绝对生长量小，但生长量稳定、波动较小的特点。实测到的树木最大年龄不大于 180 年。山脊、坡地、漏斗森林中乔木层生物量分别达 102、164 和 148t/hm^2。

贵州省不少喀斯特区的村寨、名山、寺院附近的风水林，经历人为破坏相对较少，同样也保存有与原生性喀斯特森林在外貌、结构上类同的残存林片。贵州还有一些石质山地人工造林成功的例子，如乌江、凯里、铜仁等地的柏木林，尽管森林的结构简单，仍不失为喀斯特石山可以恢复森林植被的有力佐证。

从生态学观点看，自然干扰和人为干扰是生态系统退化的两大触发因子。通常当干扰停止后生态系统有自然恢复顺向进展演替的潜势，只是因为干扰的类型、强度和频度决定了生态系统退化的程度，从而影响到恢复重建的难度和速度。既然过去曾是茂密的森林，在干扰下退化为草坡裸地，一旦停止干扰后可逐步恢复，虽然恢复程度会不同，但趋势不会改变。

生态学研究表明，树木所以能在如此严酷的生境中生成繁衍，是物种和环境相适应和自然选择的结果。在自然选择的压力下，环境显示出强大的塑造能力，生物表现出巨大的适应能力。喀斯特森林中树木的生态类型多样；对水分亏缺的适应途径、方式、类型多样；对资源空间的多种利用方式，特别是很多树种根系极强的穿串能力，使其对岩层空间的利用得以实现。严酷生境中树木生长缓慢，结实少，灾变常使树木承受巨大的早期夭折的压力，生态寿命较短，无性繁殖的强化使种群得以不断繁衍，森林的自我更新得以维持。上述种种正是喀斯特森林得以生成和繁衍的根本所在。这也启示我们要使喀斯特地区森林生态系统建设取得成功，对树种生物生态特性和立地生境进行研究了解并使其相适应是必不可少的工作。

（二）途 径

森林生态系统的恢复重建，要在遵循自然规律的基础上，充分利用自然力，强调人的主观能动作用，做到技术上适当，经济上可行，社会能接受。自然法则是生态恢复与重建的基本原则，只有遵循自然规律，恢复重建才是真正意义上的恢复与重建，否则可能是背道而驰，事倍功半。其途径不外乎人工重建，自然恢复和两者结合。人工恢复重建要求较多的资金、劳力、技术投入，在破坏彻底、深度退化、自然恢复潜力极小的地段，人工恢复是必由之途径。爆破整地、客土造林便是典型例子。在条件略好地段，只要认真执行各种相关技术规程，正确使用各种常规技术，人工造林也易取得良好效果，可靠性高。但由于众多因素的限制，通常人工造林的树种少，组成简化，结构简单。自然恢复具有投资少、易操作的特点。特别是植物能较充分地利用喀斯特生境中各类小生境资源，如石面、石缝、石沟等，而这往往又是人工造林所不能及的，反映出自然恢复对资源的利用更合理、更充分。喀斯特区经济落后，交通闭塞，自我发展活力欠高，资金注入有限，这种条件下自然恢复途径更有其重要作用和突出地位。但它亦受自然恢复潜力的限制。自然恢复和人工恢复的有效结合，将互相补充，相得益彰。因地制宜灵活应用这些途径极为重要。喀斯特区岩石性质对地貌类型、立地条件、植被恢复的困难程度影响很大。在"乌江流域岩溶石质山地植被恢复与造林技术研究"中关于造林绿化途径决策的研究结果有指导意义。宏观上看，在泥灰岩组、泥质白云岩组低困难、较困难地段应以人工造林为主，纯质灰岩组、纯质白云岩组的缓坡、斜坡山地和岩石裸露率 40% 以下的连续土、半连续土较困难地段，应以人工造林为主，自然恢复为辅。其余困难地段应以自然恢复为主，辅以人工造林，而极困难地段通常以自然恢复为主。

（三）关键技术

人工恢复的基本环节是人工造林。研究表明，水分亏缺是影响喀斯特石质山地人工造林成活率保成率的限制因子。为此，在认真执行各技术规程基础上，以提高造林成活率，形成复杂结构混交林为目标，要掌握好以下五个关键技术。

①正确选择造林树种，按小生境类型配置树种的适地适树适小生境技术。

②不全面砍山、不炼山、见缝插针、局部整地的造林地植被利用技术。

③切根苗造林，容器苗补植，生根粉浸根等提高造林成活率技术。

④汇集表土，加厚土层，造林地穴面覆盖，提高土壤墒情技术。

⑤栽针留灌抚阔，利用自然力形成针阔复层混交林技术。

对于植被自然恢复，关键技术其一是地段选择，要选择有种子或无性繁殖体，或附近有来源的地段。其二是要根据生态系统自身的演替规律，分步骤分段进行，循序渐进，不能急于求成，"拔苗助长"。在裸露石山地，草本、灌木迅速占领生境，改造环境的作用不容忽视。其三，因为干扰越烈，退化程度越深，植被自然恢复的难度越大。所以，当前首先要遏制生境退化的势头。生态恢复重建首先是根据生态学原理，通过一定的生物、生态以及工程的技术与方法，人为地改变和切断生态系统退化的主导因子或过程。其四，自然恢复要辅以人工促进措施，要因地制宜有针对性地采取补充种源、促进种子发芽、幼树生长、密度调控、结构调整等措施。

喀斯特区植被恢复和生态环境建设是一个长期的工作，需要几代人的坚持不懈的努力。植被自然恢复过程中，早期通过无性繁殖对策，群落的盖度、组成等特征恢复较快，而群落的功能恢复速度较慢。有研究表明，四五十年就可恢复到与顶级群落相似的较正常的组成、外貌和结构，达到"公众社会感觉到的恢复"，而要恢复到被科学证明有完善结构和功能水平的森林生态系统则是一个漫长的过程。

四、岩溶地区生态环境展望

岩溶地区生态环境建设经过几代人甚至十几代人长期坚持不懈的持续治理和保护，实施系列重大生态保护修复工程，生态治理力度持续加大，土地承载压力降低，森林面积和林草植被综合盖度增加、水土肥得到保持，林草植被得到保护修复，林草植被结构改善，岩溶地区石漠化土地面积和水土流失量持续减少、危害不断减轻。土地利用结构和农业生产结构不断优化，农民增收，区域经济发展加快，生态经济发展环境稳步好转。岩溶森林生态系统植物群落物种更加丰富，组成和结构更加复杂，生态系统的物种多样性和结构多样性更高，动植物种类丰富，生态类型多种多样，森林生态系统相对稳定。岩溶生态系统稳步好转逐趋稳定，生态环境显著改善逐趋优美。生态改善、农民增收、农业增效、农村发展，岩溶地区经济社会逐渐步入稳定协调可持续的良性发展轨道。

到那时，岩溶地区到处是茂密浓郁的漏斗森林、洼地森林、盆地森林、槽谷森林，漏斗森林神秘恬静，洼地森林山清水秀，盆地森林青峰碧绿，槽谷森林宁静幽清；森林滞留水和喀斯特地下水同时并存，泉水流淌、溪水潺潺，喀斯特水景动态迷人奇特。深山密林中，清溪长流，迂回曲折，若隐若现，只闻其声不见其形。深潭宁静，潭水湛蓝，能见地下河特有鱼儿漫游。瀑布轰鸣，跌水接连不断。上有森林下有石林，石头上长树，石缝里生根，明河暗流，深潭溶洞，组合成水上迷宫、水上森林等一系列绝妙美景，不但赏心悦目，而且包含奥妙科学，喀斯特自然景观独特。千姿百态山光水景、地下溶洞、碧绿森林糅合，呈现一幅完美自然景色；山、水、洞、林、湖糅合，森林地貌景观和水文景观交相辉映，仿佛人间仙境。两江（长江、珠江）上游生态屏障得以筑牢，以森林植被为主体、林草结合的国土生态安全体系得以形成，辽阔绿色生机盎然，蓝天碧水日益增多，天更蓝、山更绿、水更清、环境更优美，人与自然和谐共生。

参考文献

[1] 戴晓勇, 杨成华, 王进, 等. 贵州石漠化地区主要人工造林树种调查分析[J]. 贵州林业科技, 2008, 36（3）: 35-39.

[2] 杨先义, 李永荷, 罗永猛, 等. 贵州岩溶山区植被恢复技术研究[J]. 黑龙江生态工程职业学院学报, 2015, 28（4）: 1-3.

[3] 陈伟杰, 熊康宁, 任晓冬, 等. 岩溶地区石漠化综合治理的固碳增汇效应研究——基于实地监测数据的分析[J], 中国岩溶, 2010, 29（3）: 229-238.

[4] 张俊佩. 贵州石漠化地区主要造林树种耐旱特性及适应性评价[D]. 北京: 中国林业科学研究院, 2009.

[5] 朱守谦. 喀斯特森林生态研究（Ⅲ）[M]. 贵阳: 贵州科技出版社, 2003.

[6] 朱守谦, 祝小科, 喻理飞. 贵州喀斯特区植被恢复的理论和实践. 中国科学技术协会、中国工程院、陕西省人民政府. 中国西部生态重建与经济协调发展学术研讨会论文集[C]. 成都: 四川科学技术出版社, 1999.

[7] 喻理飞, 朱守谦, 叶镜中, 等. 退化喀斯特森林自然恢复过程中群落动态研究[J]. 林业科学, 2002, 38（1）: 1-7.

[8] 盛茂银, 熊康宁, 崔高仰, 等. 贵州喀斯特石漠化地区植物多样性与土壤理化性质[J]. 生态学报, 2015, 35（2）: 434-448.

[9] 方塈, 李仕蓉. 西南喀斯特石漠化治理研究进展[J]. 江苏农业科学, 2017, 45（2）:

  10-16.

[10] 张信宝. 贵州石漠化治理的历程、成效、存在问题与对策建议[J]. 中国岩溶, 2016, 35（5）: 497-502.

[11] 付帮奎. 喀斯特石漠化区植被建植与退化植被恢复技术推广示范研究[J]. 农业与技术, 2016, 36（2）: 183-184.

[12] 国家林业局. 中国石漠化状况公报[N]. 中国绿色时报, 2012-06-14.

[13] 国家林业和草原局. 中国·岩溶地区石漠化状况公报[N]. 中国绿色时报, 2018-12-13.